Wolfgang Hultsch

Der Himmel über Sachsen

Weltkriege, Widerstand, Wiederaufbau

Eine Biografie

Bibliografische Information der Deutschen Nationalbibliothek: Die Deutsche Nationalbibliothek verzeichnet diese Publikation in der Deutschen Nationalbibliografie; detaillierte bibliografische Daten sind im Internet über http://dnb.dnb.de abrufbar.

© 2023 Wolfgang Hultsch
Bilder: aus dem Familienbesitz
Cover: fiverr / Cover-Motiv: aus dem Familienbesitz
Herstellung und Verlag: BoD – Books on Demand, Norderstedt

ISBN: 9783756206551

Dr. Karl Walther Hultsch

Lebenslauf von Walther Hultsch

1890	Geburt in Auerbach im Vogtland
1909	Beginn des Jurastudiums
1914–18	Erster Weltkrieg – er lernt Kronprinz Georg von Sachsen kennen
1920er	Dezernent für Kunst und Kultur
	Leiter Spionageabwehr bei der Polizei für Sachsen
1933	Beförderung zum stellvertretenden Gestapo-Präsidenten von Dresden
1934	Entfernung aus dem Polizeidienst durch Heinrich Himmler persönlich
	Ab 1934 hat er Kontakt zum Widerstand
1938	Einsatz bei der Geheimen Feldpolizei in Wien bei Hitlers Auftritt dort
1939	Einsatz bei der Abwehr im Zweiten Weltkrieg, Kontakt zu Prinz Ernst Heinrich
1939–43	Einsatz bei der Abwehr im *Amt Ausland* 3F – Spionageabwehr - in ganz Europa
1943–45	Panzer-Grenadier-Regiment 108
1946	Baureferent der Landeskirche Sachsen, Denkmalpflege, Stadtplanung
1963	Pensionierung
1983	Beerdigung in Moritzburg bei Dresden

Moritzburg
In den 1980ern

Das Glockengeläut der Kirche schräg gegenüber von unserem Haus in der Schloßallee weckt mich an diesem Morgen. Es ist ein strahlender Sommertag, die Vögel zwitschern fröhlich, einige scheinen ein eigens komponiertes Lied singen zu wollen. Noch liegt der feuchte Dunst der Nacht über allem.

Von meinem Schlafzimmer im ersten Stock gehe ich die knarrende Treppe hinunter ins Erdgeschoss. Unser Haus wurde um 1723 erbaut und wird im Ort ,das Kellerhaus' genannt. Man vermutet, dass hier früher der Wein für das Moritzburger Schloss aufbewahrt wurde. Die geschwungenen Türöffner im Haus sind genau solche, wie sie auch im achthundert Meter entfernten Schloss Moritzburg an den Türen angebracht sind.

Fröhlich pfeifend spaziere ich durch den dunklen, nach Feuchtigkeit und altem Holz riechenden Flur. Durch einen runden Türbogen, der aus sächsischem Sandstein besteht, gehe ich hinaus in den sonnendurchfluteten Garten.

Dort angekommen, atme ich erst einmal tief durch und richte mein Gesicht gen Himmel, um die ersten Sonnenstrahlen dieses wunderschönen Morgens einzufangen. Dann schlendere ich beschwingt an dem knorrigen Aprikosenbaum, der weinberankten Hauswand und den alten Rosenstöcken vorbei. Auf der linken Seite lasse ich das verwitterte Schwimmbecken vor der alten Birke und der Pappel hinter mir und wandere weiter zur großen Wiese, die zum Bahnhof hin steil abfällt. Der Weg dorthin führt zwischen knorrigen Obstbäumen hindurch.

Von Weitem hört man schon den markanten Ruf eines Schwarzspechts, ein lautes Kliäh, gefolgt von einem Kwih, Kwih, Kwih. Diese schrillen Töne drängen das Zwitschern der anderen Vögel in den Hintergrund. Vom Bahnhof her zieht der Qualm einer Dampflok zu mir herauf. Von den Personenzügen steigen dichte weiße Rauchschwaden auf, die einen Geruch von Kohlefeuer über die Gegend verbreiten. Dazu kommt der frische Duft nach gemähter Sommerwiese und behandeltem Holz. Nochmals hole ich tief Luft.

Vom Kohlenmüller dröhnt es dumpf zu mir in den Garten. Sein Grundstück grenzt direkt an unseres, und das Geschäft, in dem er seine Kohle verkauft, befindet sich gegenüber vom Bahnhof. Immer wenn eine große Schaufel Kohle in einen der kleinen Multicar-Lkw geschüttet wird, welche die Kohle zu den Kunden im Ort transportieren, gibt es einen dumpfen Laut, der über den ganzen Ort hallt. Ohne Braunkohle läuft in der DDR so gut wie nichts. Sie ist mit großem Abstand der Energieträger Nummer eins in diesem Land.

Der Schwarzspecht ist jetzt ganz still, dafür hört man nun Laute anderer Vögel. Unzählige verschiedene Insekten schwirren über das noch feuchte Gras. Der alte Kirschbaum mit seinen knorrigen Ästen trägt reichlich Früchte, die bald reif und essbar sein werden.

„Von der Ernte wird uns wohl wieder nicht viel bleiben", rufe ich meiner Schwester Marthel lachend zu, die gerade unsere Gänse am Stall füttert. „Die Stare sind wieder schneller als wir."

Meine Schwester macht eine wegwerfende Handbewegung. „Für uns werden sicher auch wieder ein paar Gläser Marmelade übrig bleiben."

Der Himmel ist klar, die Sonne strahlt. Es ist einfach ein traumhafter Morgen. Einer der zwei Züge verabschiedet sich mit einem lauten, hellen Pfiff aus dem Bahnhof Moritzburg. Der andere Zug startet kurz darauf fauchend und mit läutender Zugglocke in die entgegengesetzte Richtung. Vor einem der Bahnübergänge lässt er noch zweimal ein lautes Pfeifen ertönen, bevor das Geräusch der synchron klackenden Wagenräder in der Ferne verhallt.

Die Bahn verbindet den Dresdener Stadtteil Radebeul mit Radeburg im Nordosten. Im Moritzburger Bahnhof treffen sich beide Züge auf halber Strecke. Von Radebeul, der Wein- und Karl-May-Stadt, schlängeln sich die Gleise durch die Stadt. Ab dem Haltepunkt Weißes Roß hat man einen fantastischen Ausblick auf die Radebeuler Weinberge der Hoflößnitz. Danach taucht die Bahn langsam in den malerischen Lößnitzgrund ein, bevor sie nach einer steilen Steigung über einem Damm durch die Dippelsdorfer Teiche fährt.

Moritzburg ist ein Touristenmagnet. Als Hauptattraktionen laden Schloss Moritzburg – vielen bekannt durch die Verfilmung *Drei Haselnüsse für Aschenbrödel* – und das Fasanenschlösschen zu einem Besuch ein. Aber auch das Landstallamt Moritzburg mit den im Herbst stattfindenden Hengstparaden und der Leuchtturm am Großteich sind beliebte Ausflugsziele. Allein 15 Teiche sind um Moritzburg herum zu entdecken.

Schloss Moritzburg bei Dresden

Mit dem Hauskauf in Moritzburg während des letzten Krieges hatte ich nach dem Untergang Dresdens 1945 zumindest eine Bleibe für die ganze Familie gefunden. Ursprünglich waren das Haus und das Grundstück für meine Schwester gedacht. Da wir aber bei der Bombardierung der Stadt unser stattliches Haus und all unser Hab und Gut verloren hatten, bezogen wir nun alle gemeinsam dieses Gebäude aus der Barockzeit. Der typisch sächsische Anstrich in Ocker und das Krüppelwalmdach verliehen dem Haus eine behagliche Ausstrahlung, die dafür sorgte, dass wir uns schnell heimisch fühlten.

Da es nach Kriegsende nichts gab, begann meine Schwester Marthel, auf dem Grundstück Getreide, Kartoffeln und Gemüse anzubauen, manchmal auch eine Reihe Spargel, und im alten Schuppen quartierte sie Gänse und Ziegen ein.

Dazu gab es reichlich Himbeer-, Stachelbeer- und Johannis- beersträucher auf dem großen Grundstück und die vielen Obstbäume lieferten zuverlässig eine reiche Ernte an Äp- feln, Birnen, Süß- und Sauerkirschen.

So überstanden wir mit der Familie und den drei Kindern die Nachkriegsjahre auf der eigenen Scholle. Das ist nun al- les schon wieder so viele Jahre her. Aber unser Nachbar lässt es sich bis heute nicht nehmen, so wie früher mit sei- nem Pferdegespann sein Feld zu bearbeiten. Im Spätsom- mer stellt er immer Strohpuppen auf der abgemähten Flä- che auf. Ein Bild wie aus alten Tagen, ein krasser Gegensatz zum Heute, der DDR in den 1980er-Jahren ...

Mit laut dröhnenden Motoren kommen mehrere schwere Lkw der Sowjetarmee vom Schloss her die Allee herauf. Ab der Moritzburger Kirche lassen sich die oliv gestrichenen Lkw mit den großvolumigen Motoren und den auffälligen runden, weißroten Abzeichen *CA* auf den Fahrertüren, was für *Sowjetskaja Armija* steht, den Berg hinabrollen.

Sie fahren Richtung Dresden, wo die sowjetischen Kaser- nen sind. Das Motorengeräusch ebbt langsam ab, zurück bleibt eine Abgaswolke, die zu mir herüberzieht. Der so ty- pische süßlich-aromatische Geruch nach russischen Lkw beziehungsweise deren Abgasen bleibt lange in der Luft, bis auch er verschwindet.

Mit Moritzburg als unserem Wohnsitz haben wir eine sehr gute Wahl getroffen. Das wunderschöne Schloss mit den vier großen Türmen, allesamt in einem markanten sächsischen Gelb gestrichen und ringsum umgeben vom Schlossteich, erreicht man vom Kellerhaus in nur wenigen Minuten Fußmarsch. Im Schloss wohnte bis Kriegsende 1945 Prinz Ernst Heinrich, von dem ich noch erzählen werde.

Wir leben in einer traumhaften Landschaft, inmitten von Teichen, Wiesen, Feldern und Wäldern. Angrenzend liegt die Lößnitz mit ihren historisch wertvollen Gebäuden und dem Weinanbau.

Ich hatte eine glückliche Kindheit und wuchs in einem sehr behüteten, gut situierten Umfeld auf. Die Familie sowie Kunst und Kultur spielten eine große Rolle in unserem Leben.

In den vergangenen Jahrzehnten habe ich viele interessante Menschen kennengelernt – Angehörige des Sächsischen Königshauses, bekannte Maler, Musiker und Sänger, Bischöfe der Landeskirchen. Es waren Menschen, die durch ihren Einsatz im Widerstand in die Geschichtsbücher eingegangen sind. An beiden Weltkriegen habe ich als Offizier der Reserve teilgenommen. Wie durch ein Wunder habe ich beide Kriege überlebt.

Für dieses Leben bin ich sehr dankbar. Und doch war es voller Entbehrungen, großer Enttäuschungen und diverser Schicksalsschläge.

Für mich ist es eine Qual und eine unendliche Belastung, meinen Lebensabend in diesem Teil Deutschlands verbringen zu müssen. Eingesperrt, reglementiert, im Visier der Staatssicherheit, getrennt von meinem ältesten Sohn und seiner Familie, der 1957 in den Westen Deutschlands ging und dortblieb.

Zwei Generationen zurück
Mitte bis Ende des 19. Jahrhunderts

Mein Großvater war Grundstücks- und Mühlenbesitzer, geboren 1826 in Steinigtwolmsdorf. Der Ort liegt eingebettet in das malerische Oberlausitzer Bergland und ist heute eine Gemeinde im Landkreis Bautzen, im Südosten des heutigen Freistaates Sachsen.

An jedem Sonnabend besuchte er zu Fuß den Bautzener Getreidemarkt, wo er sein Getreide einkaufte. Dort traf er immer den Mühlenbesitzer Zumpe, mit dem er sehr gut befreundet war. Zumpe war der Vater des 1850 in Oppach geborenen Dirigenten, Komponisten und Wagner-Schülers Hermann Zumpe, von dem ich später noch erzählen werde. Durch ihn kam mein Vater schon in jungen Jahren in Kontakt mit der Musik, die ihn sein Leben lang begleiten sollte.

Aus der Ehe meiner Großeltern gingen eine Tochter und fünf Söhne hervor.

Das Leben in der Familie war durchweg harmonisch. Bei der allgemeinen mangelhaften Beleuchtung bildete der Kienspan die einzige Lichtquelle, befestigt an einem eisernen Ring an der Wand. Im Schein dieser kümmerlichen Funzel las Großvater abends das Bautzener Wochenblatt im Ohrenlehnstuhl, während das übrige Zimmer in Rembrandt'schem Halbdunkel lag. Erst später kamen Öl- und Petroleumleuchten auf. Jeder Tag wurde mit einem Abendgebet beschlossen.

Während seine Brüder Landwirte wurden, sehnte sich unser Vater nach einer höheren Bildung. Er war überglücklich, als er 1867 am Landständischen Seminar in Bautzen aufgenommen wurde und sein künstlerisches Studium aufnehmen konnte. Die kleine Universität wurde als Internat geführt, wo unser Vater sich schnell einlebte.

Die Disziplin war damals strenger als heute. Schlafsäle und Waschräume waren im Winter eiskalt, Urlaub gab es nur sonntags von 12.00 bis 19.00 Uhr. Unser Vater nutzte diesen Zeitraum für einen Besuch in der Heimat. Drei Stunden Fußmarsch musste er für den Weg nach Steinigtwolmsdorf auf sich nehmen. Dort angekommen, konnte er im Elternhaus gerade einmal eine Stunde Rast halten, bevor er, mit Wäsche und Lebensmitteln beladen, wieder forteilen musste, um pünktlich im Internat anzukommen.

Als Seminarist fand er viel Freude am Zeichnen, an Kunstgeschichte und Musik, besonders am Klavier- und Orgelspiel. Sein Lehrer war der Königliche Musikdirektor Karl Eduard Hering. Spielte dieser die Orgel, so kam es schon einmal vor, dass er seinem Schüler „Ablösen!" zurief und mitten im Choralspiel plötzlich die Hände von den Tasten nahm. Als Orgelpräfekt musste dieser dann schnell in die Tasten greifen. War der Gottesdienst schwächer besucht, so sagte der schwerhörige Hering so laut, dass man es in der ganzen Kirche hören musste: „Spielen Se schneller. Es sind wenig Leute da."

Nach seiner Zeit in Bautzen besuchte Vater die Königliche Kunstgewerbeschule in Dresden. Später wurde diese zur Kunstgewerbeakademie ausgebaut, welche damals am Antonplatz neben der Markthalle untergebracht war. Als der begeisterte Kunstjünger das Schulgebäude betrat, begegnete er einem würdigen Herrn mit „Vatermörder " in Biedermeiertracht, die er stets zu tragen pflegte: Professor Dr. August von Eye, bekannt durch sein Werk *Leben und Wirken Albrecht Dürers*. Prof. von Eye gab unserem Vater

Gegenstände aus dem Kunstgewerbemuseum als Modell, die er zeichnen musste. Diese Vorschusslorbeeren nahm er als Schüler dankend an und setzte die Zeichnungen mit großer Freude dank seiner Begabung schnell und gut um, was von Eye mit einem tiefen, kurzen Grunzen honorierte.

Bald lebte sich der junge Kunstschüler in Dresden ein. Bei Kantor Alscher in der Breite Straße fand er eine passende Wohnung. Bei dem Kantor hatten einst zur Weihnachtszeit Tiroler Sänger aus dem Zillertal vor der Tür gestanden und ihn gebeten, am Heiligen Abend in der Kirche singen zu dürfen. Dass er zusagte, erwies sich als Glücksfall, denn sie sangen das bis dahin in Sachsen unbekannte Weihnachtslied ‚Stille Nacht, Heilige Nacht‘, ein Lied, das in den folgenden Jahren aus der Weihnachtszeit nicht mehr wegzudenken war.

Vater, dessen Geldmittel in seiner Dresdner Zeit sehr beschränkt waren, hatte ein Stipendium des Grafen Luckner ergattert, späterer Seeheld im Ersten Weltkrieg. Luckner war Kgl. Sächsischer Kammerherr und für seine Späße bekannt. Als ich ihm später einmal auf einer Reise in einem Hamburger Hotel vorgestellt wurde, zerriss er auf unsere Bitte hin als Demonstration seiner Körperkraft allein mit seinen Händen ein dickes Telefonbuch. Die Umstehenden klatschten begeistert Beifall und der Graf grinste zufrieden.

Vater sollte auf Empfehlung von Geheimrat Graf als Gegenleistung die Jungen einer in Dresden lebenden englischen Familie auf ihren Spaziergängen begleiten. Die Mutter, eine junge schöne Frau, war allein mit ihren zwei adretten Töchtern im Alter von etwa vierzehn bis sechzehn Jahren und den Söhnen von etwa acht bis zehn Jahren. Der Vater war angeblich im Zweikampf gefallen. Sie wohnten in der Strehlener Straße in einer sehr großen Wohnung mit viel Personal. Ein echter englischer Butler in Kniehosen und Schnallenschuhen empfing Besucher mit undurchdringlicher Miene.

Bei einem Besuch des Zoologischen Gartens erfuhr mein Vater, dass der kleine Engländer Algernon Fitz Roy und der andere Charles Herzog von Southampton hieß. Fitz Roy sollte später ein britischer Politiker der Conservative Party und Speaker des Unterhauses werden. Wie überrascht war Vater, als er erfuhr, dass diese hochadelige Familie mit dem englischen Königshaus verwandt war.

Die gemeinsamen Ausflüge führten sie ins Elbsandsteingebirge und in alle Museen, die Dresden zu bieten hatte. Den Museumsbesuchen schloss sich die Mutter mit ihren zwei Töchtern oft an, zumal Vater die Bilder sachkundig erklären konnte und auf besonders hervorragende Werke hinwies. Mit den Jungen ging er schwimmen und ließ sich sogar tapfer zum Rollschuhlaufen auf der Bahn in „Lüdeckes Wintergarten" in der Nähe des Großen Gartens überreden. Da er niemals zuvor auf Rollschuhen gestanden hatte, lösten seine ersten Laufversuche große Belustigung bei den Jungen aus. Es waren fröhliche, wilde Kinder: Bei Ausflügen fingen sie Molche, Salamander und Blindschleichen und in der Wohnung hielten sie weiße Mäuse, die infolge ihrer starken Vermehrung schnell zur Plage wurden – sehr zum Leidwesen des vornehmen Butlers.

Mein Großvater, der nachts wegen der Mühle viel wach sein musste, lieh sich jede Woche von einem alten Büchermann ein Buch. Darunter waren vielfach Reisebeschreibungen, die ich auch lesen durfte. Daher mag es wohl auch kommen, dass der Wandertrieb in mir sehr geweckt wurde.

Bei einem Besuch in Dresden lief ich mit meinem Bruder ungefähr fünfundvierzig Kilometer bis Schandau, zurück fuhren wir dann mit dem Dampfschiff. Es war ein herrlicher, heißer Sommertag. Mit meinem gesparten Geld konnte ich meinen Bruder freihalten und großzügig ein Mahl an Bord bestellen.

„Ich bestelle mir eine gefüllte Taube", tönte ich großspurig.

Mein Bruder entschied sich für einen Schweinebraten. Als das Essen kam, war die Heiterkeit groß. „Dein Täubchen ist nur so groß wie eine Zitrone", lachte mein Buder, während er gut gelaunt mit Messer und Gabel in seinen Braten stach.

Der Schweinebraten kostete sechzig Pfennige, die Taube zehn Neugroschen. Zu meinem Leidwesen war mein Bruder satt und ich noch hungrig wie zuvor. Entschädigt wurde ich mit einem großen Krug kühlem Wernesgrüner, den wir im Biergarten an großen langen Tischen unter mächtigen Kastanien mit großen Schlucken zügig leerten. Sogar auf der berühmten Hamburg-Amerika-Linie von Hapag-Lloyd wurden die Biere aus Wernesgrün damals serviert.

Wenn mein Vater nicht studierte oder die Kinder unterhielt, erkundete er die Umgebung. Auerbach sollte für ihn zur zweiten Heimat werden. Dort lernte er unsere geliebte Mutter kennen. Ihre Eltern waren allerdings nicht begeistert von der Liaison, denn sie wünschten sich einen Fabrikanten als Schwiegersohn.

Ihre Firma, C. H. Lange, blühte zu dieser Zeit richtig auf. Nach dem Ausland, insbesondere der Schweiz, wurden Geschäftsbeziehungen geknüpft und durch persönliche Reisen vertieft. Die Firma C. H. Lange war eine der führenden Gardinen- und Spitzenwebereien sowie Bleichereien und die einzige ihrer Art, die nach einem Jahrhundert noch der

Familie gehörte. Beide Großeltern waren unermüdlich darin tätig: Der Großvater zeichnete die Spitzen- und Stickereimuster selbst. Ein noch vorhandenes Musterbuch zeigt sein zeichnerisches Geschick und seinen feinen Geschmack. Im Göltzschtal hatte er eine Bleicherei und Appreturanstalt mit viel Grundbesitz und in der Nähe des Bahnhofs eine Gardinenfabrik errichtet.

1893 erschien in *Die Groß-Industrie des Königreichs Sachsen in Wort und Bild* folgende Beschreibung:

„Mit nur 3 Maschinen anfangend, hat genannte Firma heute 33 Maschinen in Falkenstein in Betrieb, nebenbei aber auch noch eine Weberei in Oberitalien, um ihrem italienischen Kundenkreis alle nur denkbaren Vorteile bieten zu können. Hand in Hand mit der Erweiterung resp. Vergrößerung der Weberei ging diejenige der Bleicherei und große Gebäude-Komplexe liefern dafür den besten Beweis. Berücksichtigt man nun, daß ein einziger zur Fabrikation englischer Gardinen nötiger Webstuhl die respektable Summe von ca. 16 000 Mk. kostet und daß die Firma C. H. Lange deren in Falkenstein und Oberitalien zusammen 40 in Betrieb hat, so zeigt sich deutlich, welchen Aufschwung genannte Firma genommen hat. Durch eine große Anzahl Reisende läßt genanntes Haus seine mannigfachen Fabrikate vom Vorhang bis zur feinsten Salongardine in Deutschland und auch im Auslande vertreiben und eine nicht minder große Zahl Zeichner liefert hierzu die Entwürfe. Außerdem hält es große Muster- und Verkaufslager in Berlin und Hamburg. Fast 600 Arbeiter und ein großer Apparat von Beamten sind nötig, um nicht nur die Millionen von Metern zu weben, sondern solche auch zu versenden und verdient erwähnt zu werden, daß die Firma mit allen den vielen, die ihr Brot dort verdienen, das beste Einvernehmen hält. So hat sie, selbst in stiller Zeit, ihren Arbeitern stets Verdienst gegeben, ein Umstand, der angesichts der heutzutage immer mehr hervortretenden, vielfach unberechtigten Unzufriedenheit der Arbeiter umso mehr Anerkennung finden wird und muß."[1]

---

[1] Wikisource: C. H. Lange, Falkenstein.

Bleicherei, Färberei und Appreturanstalt.

Fabrik englischer Gardinen und Spitzen.

C. H. Lange, Falkenstein, Vogtl.

Fabrik englischer Gardinen und Spitzen.

Nach dem Zweiten Weltkrieg wurde die Firma übrigens enteignet und arbeitete unter dem Namen *VEB Falkensteiner Gardinenweberei und Bleicherei* weiter. Später wurden weitere Firmen angeschlossen und schließlich wurde sie in *VEB Gardinen- und Spitzenwebereien Falkenstein* umbenannt. Die FALGARD besaß sechzehn Produktionsstätten. Mit der Vereinigung 1970 zum Großbetrieb *VEB Plauener Gardine*, dem größten Textilbetrieb Europas, umfasste die Belegschaft ungefähr 5.500 Beschäftigte.[2] Die Ära C. H. Lange war damit endgültig Geschichte – zum Glück mussten die Großeltern das nicht mehr erleben.

Trotz der Einwände der Schwiegereltern fand die Verlobung unserer Eltern im Oktober 1882 statt. Sie zogen als Neuverheiratete in das geräumige zweite Stockwerk eines stattlichen Hauses mit seinen eleganten, hölzernen Fensterläden. Fast täglich besuchte das Paar die Großeltern.

Mit meiner Kindheit verbinde ich viele schöne Erinnerungen, vor allem mit meinem Vater. Als Ältester von uns drei Kindern hatten wir nie Langeweile.

Ein Fest war für uns Kinder die jährliche Kartoffelernte auf den großelterlichen Feldern in Steinigtwolmsdorf. Wie herrlich war es, wenn die Sonne am blauen wolkenlosen Himmel ihre Strahlen über die Stadt warf, nach Osten umsäumt von blauschwarzen Fichtenfeldern, gekrönt vom Steinberg. In der Luft kräuselte sich der weiß-bläuliche Qualm der Kartoffelkrautfeuer, in deren Glut frisch geerntete Kartoffeln brieten, die wir mit Genuss verzehrten. Als Vorboten des Winters sahen wir es an, wenn im Herbst im Garten Deckreisig zum Schutz der Rosen und aller empfindlichen Pflanzen angefahren wurde. Wir bauten uns aus

---

2 Wikipedia: Falgard

Reisig Höhlen, die herrlich dufteten. In den Häusern wurden nun die Öfen geheizt, eine behagliche Stimmung verbreitete sich. Gegen Abend saßen wir drei Kinder häufig auf dem Sofa und lauschten den Märchenerzählungen unseres Vaters. So lernten wir die alten, aber ewig jungen deutschen Märchen, gesammelt von den Gebrüdern Grimm und von Bechstein, sowie die dänischen Märchen von Andersen kennen. Ich schmiegte mich dabei oft in Vaters Schlafrock und machte es mir gemütlich.

Wenn wir zu den Großeltern fuhren, hatte der Großvater auf dem Ofen mechanisches Spielzeug aufgestellt, das durch die Ofenwärme betrieben wurde. Natürlich stürzten wir Kinder uns stets begeistert darauf. Der Großvater saß dann im grünen Armstuhl neben dem Ofen, zog an seiner Virginiazigarre und schmunzelte, wenn das kleine Spielzeug gut „ging". Vater fantasierte währenddessen am Klavier. Das Abendbrot vereinigte uns am runden Tisch. Unser Großvater aß am liebsten Käse, besonders Altenburger Ziegenkäse [Anmerkung: Diese Käsesorte gibt es heute noch!]. Dazu trank er sein Fläschchen Wein, wobei er bei jedem Schluck aus dem Glas den Duft des jeweiligen Tröpfchens analysierte – Obst, Pfeffer oder Lakritz.

Gern erzählte unser Vater, wenn wir als Kinder an kalten Winterabenden mit ihm auf dem Sofa saßen und ich mich in seinen Schlafrock wickelte, wie er in seiner Jugend die Nordlichter beobachtet hatte. Besonders faszinierten uns jedoch seine Geschichten von Irrlichtern über sumpfigem Gelände, die mit ihrem geheimnisvollen plötzlichen Aufleuchten und Verschwinden so manchen Wanderer in der Nacht vom rechten Wege abbrachten.

Unser lieber Vater erzählte uns auch so manches aus seiner eigenen Kindheit, von Familie, Land und Leuten. Auf vielen Reisen zeigte er uns unser Vaterland, für dessen Geschichte und vor allem Kunstgeschichte er uns Kinder von frühester Jugend an zu begeistern wusste.

Einmal machten wir eine Reise nach Italien. Während der Überfahrt über den Comer See erkrankte plötzlich meine Mutter. Wie ein Lauffeuer ging es durch das Schiff – „Die deutsche Dame hat die Cholera", munkelten einige Passagiere. Der Kapitän isolierte daraufhin meine Eltern, welche dann lediglich einige Erfrischungen durch ein kleines Schiebefenster gereicht bekamen.

In Somma stellte sich heraus, dass unsere Mutter nicht an Cholera, sondern einer Blinddarmentzündung erkrankt war. Trotzdem hing ihr Leben am seidenen Faden. Es blieb meinen Eltern nichts anderes übrig, als sich in Italien einzuquartieren und uns Kinder zurück nach Dresden zu unseren Großeltern zu schicken, in der Hoffnung, der Zustand unserer Mutter würde sich bald bessern. Mein Vater pflegte seine Frau aufopferungsvoll.

Als meine geschwächte Mutter nach wochenlangem Krankenlager endlich der Genesung entgegenging, konnte unser Vater sie wieder für einige Stunden allein lassen. In dieser Zeit traf er sich meistens mit dem Herrn Apotheker Dolci, einem freundlichen Italiener, der ihn unter anderem nach Mailand begleitete. Die Stadt und ihre Bauten begeisterten ihn unheimlich. Herr Dolci war es auch, der später die Firma meines Vaters kaufen sollte.

Als es unserer Mutter wieder besser ging, konnten die beiden endlich die Heimreise antreten, aufgeteilt in kurze Tagesetappen. Unsere Mutter schilderte uns später oft ihre große Sehnsucht, mit der sie nach uns Kindern, nach den Eltern und ihrer Heimat verlangt hatte.

Wir Kinder besuchten die dem Königlichen Seminar angegliederte Seminar-Übungsschule. Mein bester Freund war der zwei Jahre ältere Nachbarsohn Ernst Thrändorf, Sohn von Prof. Thrändorf. Ernst, der später Theologie studierte, zog in den Ferien, meist mit Schaftstiefeln, blauer Schürze und Tabakpfeife, den Spaten geschultert, in den Seminargarten. Unsere Freundschaft sollte über unsere ganzen Studentenjahre hinweg anhalten und leider mit seinem Tod im Ersten Weltkrieg ein jähes Ende finden.

Aber das ahnte ich in meiner unbeschwerten Jugend noch nicht. Am Vorabend des 1. Mai, zu Walpurgis, beteiligten wir uns am Besenbrennen am Bendelstein. Hierbei wurden alte Reisigbesen mit Hobelspänen umwickelt und in Pech getaucht, danach wurden sie angezündet und im Kreise geschwungen. Auf allen Höhen loderten nach dem Brauchtum unserer Ahnen die großen Feuer.

Im Sommer fuhren wir auf Bretterflößen auf dem kleinen Teich im großelterlichen Garten, den wir im Winter zum Schlittschuhlaufen benutzten. In der kalten Jahreszeit gab es außerdem auf dem Maschinenteich eine Eisbahn. Vetter Curt, ein begabter Bastler mit großer technischer Begabung, unternahm vom Schuppendach aus Flugversuche, fotografierte viel und legte Telefonleitungen. Wir hatten immer mächtig viel Spaß zusammen!

Welch herrliche Verstecke gab es bei meinem Elternhaus in Auerbach, wenn wir Räuber und Gendarm spielten! Da waren das Gewächshaus mit seinen herrlichen weißen Rosen und dem Feigenbaum, das Lusthaus mit seinen bunten Glasfenstern auf einem Hügel am Teich und der Schuppen.

„Curt, Erich, kommt hierher!", rief ich den beiden Spielkameraden zu. „Los, in das Häuschen müssen wir rein!"

Beide kamen mit aufgeknöpften Hemden und roten Wangen den Hügel hochgelaufen.

„Schnell, macht die Türe auf, wir verstecken uns hier! Da findet Marthel uns nie und nimmer." Ich holte den Schlüssel für die schwere Pforte zum Lusthaus aus seinem Versteck, schob ihn hastig in das Schloss, drehte einmal um und drückte die Tür möglichst lautlos auf. Wir drei Jungs sprangen ins Innere, verschlossen die Tür sofort hinter uns und versteckten uns unter den massiven Holzbänken. Es roch nach Holz, Metall und Staub. Ein Franzosenkäfer lief über meine Hand. Wir hielten den Atem an.

„Wo seid ihr denn?", rief Marthel nach einer Weile ein wenig resigniert aus der Ferne.

Im Lusthaus würde sie uns nicht vermuten, das war ein gutes Versteck. Dann war da noch der Eiskeller, in dem später der treue Kutscher Gustav durch dort entstandene Gase auf tragische Weise den Tod finden sollte, und die Wagenremise, in der die Landauer, die offenen Kutsch- und Jagdwagen sowie Schlitten standen und in der die Ledergeschirre ihren unvergleichlichen Geruch verbreiteten. Das Grundstück war wirklich ein Paradies für Kinder!

Abends las unser Großvater uns Kindern in Gegenwart unserer Großmutter vor dem Zubettgehen den Abendsegen vor. Morgens, nach dem Studieren der Morgenzeitung, ging er häufig in sein Kämmerchen, eine regelrechte Handwerkerstube, ausgestattet mit Hobelbänken, Buchbindemaschine und allen erdenklichen Geräten. Auf dem Gaskocher brutzelte der Leimtopf. In diesem Kämmerchen entstanden verschiedene Bastelarbeiten, besonders die Pyramiden, die zu Weihnachten Alt und Jung erfreuten.

In den Ferien begleiteten wir unseren Großvater oft nach Falkenstein, wo er auch nach seinem Austritt aus der Firma immer wieder nach dem Rechten sah. Bei den Arbeitern war er sehr beliebt. In der kleinen Schänke neben der Bleicherei saß er in den Pausen mitten unter ihnen und bezahlte die ganzen Getränke. Zu Hause pflegte er immer zu sagen: „Wir müssen alles auf dieser Erde zurücklassen." Aufmerksam verfolgte er das politische Geschehen und war ein glühender Anhänger Bismarcks. Als sozial denkender Arbeitgeber bekämpfte er jede Lohndrückerei, wie sie leider von vielen heimischen Fabrikanten betrieben wurde.

Eindruck auf mich machten die vielen kindshohen Standvasen, die überall im Haus, passend zur Ausstattung, verteilt worden waren. Diese stammten von der Tante unserer Großmutter Lange, die mit dem Direktor der Kaiserlich Russischen Lithografischen Anstalt in Petersburg, Johann Carl Pohl, verheiratet war. Lange Freundschaft verband Carl mit dem russischen Ministerpräsidenten Fürst Gortschakow, der ihn auch in Dresden besuchte. In großer Gunst stand Pohl bei dem Zaren Nikolaus I., den er häufig durch das Kabinett führte. Noch heute besitzen wir Ringe, Vasen und Gebrauchsgegenstände, die der Zar ihm geschenkt hatte. Auf russischen Lithografien ist sein Name noch verzeichnet. Onkel Pohl war ein Tierfreund und Wohltäter der Armen. Er spendete viel für den Tierschutzverein, dem er auch ein Haus in Dresden und ein stattliches Vermögen hinterließ. Pohls lebten im Sommer gerne auf ihrem Weinberg in Loschwitz, in der Nähe der Schillerstraße.

Der Heilige Abend
Ende des 19. Jahrhunderts

Wenn ich mich an meine Jugend zurückerinnere, bleibt mir besonders die zauberhafte Weihnachtszeit unvergesslich, eingeleitet durch die erwartungsvolle Adventszeit. Mein Großvater werkelte dann immer in seinem Kämmerchen. Es roch nach Farbe und Leim, Gold- und Silberpapier lagen herum. Es galt, die Pyramide und den Weihnachtsberg, der die Wartburg darstellte, auszubessern, zu leimen und instand zu setzen. Unsere Großmutter zauberte aus schönen Blechschachteln Nürnberger Lebkuchen hervor, zu denen ein von Mutter gemachter Punsch prima schmeckte. Oft kamen Boten ins Haus, die geheimnisvoll taten und Pakete ablieferten.

An den Wochentagen war Großvater bei allen Verwandten unterwegs, um zu prüfen, ob die von ihm geschaffenen Pyramiden sich noch gut drehten und auch sonst in Ordnung waren. Niemals könnte ich die heimeligen Abende vergessen, an denen unser Vater die alten, nie ihren Zauber verlierenden Advents- und Weihnachtslieder spielte und unsere Mutter dazu sang.

Herrlich waren auch die Fahrten mit den Pferdeschlitten. Die Erwachsenen trugen Pelze, wir Kinder saßen dazwischen, in schwere, mit Wolfsschwänzen verzierte, Pelzdecken gehüllt und mit warmen Säcken an den Füßen. Unterwegs gab es manchen Scherz. Großvater und Vater erzählten fröhliche Geschichten, häufig sahen wir Hirsche und Rehe am Wegesrand, die wie aus Erz gegossen dastanden und uns beäugten. Wenn wir durchgefroren und mit roten Wangen in einem der urigen Gasthöfe einkehrten, begrüßte der Wirt uns jedes Mal freudig. Eine stattliche Tafel war nötig, um unsere Schlittengesellschaft von etwa zwanzig Personen unterzubringen.

Schön waren aber auch die Heimfahrten. Die Gespräche verstummten und die Schlitten glitten lautlos durch den tiefen Schnee, der im Mondschein glitzerte, als habe man unzählige Diamanten gesät. Über uns wölbte sich der klare Sternenhimmel. Unser Vater erklärte uns die wichtigsten Sternbilder, dann trat wieder Schweigen ein. Nur das leise *kling-kling* des Schellengeläuts und das Schnauben der Pferde höre ich noch bis heute ...

Der Heilige Abend hatte für mich jedes Mal etwas Geheimnisvolles und Zauberhaftes an sich. Voller Erwartungen standen wir Kinder schon früh auf. Dieses Wundersame und Verheißungsvolle beherrscht mich sogar jetzt im reifen Mannesalter noch. Heute ist aber auch die Freude hinzugekommen, andere beschenken zu können. Der Heilige Abend und Weihnachten sind die Tage der Liebe, der Güte und Fürsorge für meine Mitmenschen.

Nachmittags wurde zeitiger als sonst Kaffee getrunken. Dazu aßen wir den frisch gebackenen, herrlich duftenden Kuchen: Zucker-, Streusel-, Makronen-, Kartoffel-, Quark- und Apfelkuchen. Von Onkel Gustav bezogen wir einen prächtigen geräucherten Schinken. Nach dem Kaffee zogen wir uns festlich an. Die Eltern trafen im großen Salon hinter verschlossenen Türen die letzten Vorbereitungen, bis die Dämmerung hereinbrach. Unser Vater spielte anschließend die alten und vertrauten Weihnachtslieder im dämmrigen Zimmer. Er erzählte uns immer, wie er in seiner Jugend Weihnachten gefeiert hatte, diese Geschichte durfte einfach nicht fehlen.

Die Bescherung war stets auf 18 Uhr festgesetzt. Kurz nach 17 Uhr ertönte leises Schlittengeläut, was uns verriet, dass unsere Großeltern ankamen, freudigst von uns allen begrüßt. Dann erst folgte die langersehnte Bescherung.

Ein herrlicher Lichterglanz strahlte uns entgegen, wenn wir Kinder mit glänzenden Augen den großen Salon betreten durften. In der einen Ecke des großen Raumes stand der stattliche Christbaum mit den vielen Lichtern, die sich durch die großen Spiegel verdoppelten. In der anderen Ecke drehte sich die Pyramide, von vierundzwanzig Kerzen bestrahlt.

Zunächst bekamen wir Äpfel, vergoldete Nüsse, süße Ringe und Schokolade. Wir bewunderten den Baum und die Pyramide, bis uns die Eltern endlich an unsere Plätze an dem langen Gabentisch führten. Auf diesen Moment hatten wir wochenlang sehnsüchtig gewartet und die Freude über das neue Spielzeug war stets groß. Der Heilige Abend ließ alle Menschen in einem verklärten Licht erscheinen. Das dankbare Kinderherz nahm diese Eindrücke tief in sich auf, sodass sie nie in der Erinnerung erloschen.

Gegen 19 Uhr erklang wieder Schellengeläut, als Onkel und Tanten eintrafen. Es dauerte eine Weile, bis sich die Gäste aus ihren Pelzen und Mänteln herausgeschält hatten. Es gab ein großes Hallo, Umarmungen und Küsse. Erst dann überreichten die Verwandten uns ungeduldigen Kindern ihre Geschenke. Schließlich fand im Herrenzimmer das gemeinsame Abendessen statt., das an diesem besonderen Tag sehr aufwendig zubereitet wurde. Mehrarmige Leuchter mit dicken Kerzen warfen ihren warmen Schein auf die Gesichter. Es gab im ersten Gang immer eine gute Suppe mit Kartoffelstücken, dem das aus dem Erzgebirge stammende Neunerlei – ein traditionelles Heiligabendgericht der Bergmannsfamilien – anschloss. Das „Neinerlaa" besteht aus neun verschieden zu kombinierenden Speisen, die jeweils Erinnerungen und Wünsche, etwa für Gesundheit, Geld oder Liebe, symbolisieren. Auf dem reich gedeckten Tisch fanden sich Linsen, Bratwurst, Sauerkraut, Karpfen, Kartoffelsalat, Würstchen, Hirsebrei, Holundersuppe, Gans, Schweinebraten, Klöße, Buttermilch, Brot und Salz, Selleriesalat, Backpflaumen, rote Rüben, Bratäpfel und Stollen. Wir saßen alle sehr lange beisammen und genossen das Weihnachtsfest.

Gegen Mitternacht brachen unsere Gäste wieder auf. Zuvor musste ich jedoch noch, von meinem Vater auf dem Klavier begleitet, auf der Geige mein Weihnachtsstück vorspielen. Ich war nur schwer zu diesem Vortrag zu bewegen, denn ich genierte mich, aber am Ende überstand ich alles unbeschadet und bekam sogar Applaus. Der Abend fand seinen Abschluss mit dem gemeinsamen Gesang von ‚O du fröhliche' und ‚Stille Nacht'.

Dann setzten sich die Schlitten mit meinen Großeltern und den Verwandten in Bewegung, leise verklang das Schellengeläut in der stillen Christnacht. Wir Kinder dankten unseren Eltern für alles und gingen ins Bett, denn am nächsten Tag mussten wir wieder zeitig aufstehen, um gegen 6 Uhr pünktlich in der Christmette zu erscheinen. Beim Einschlafen hörten wir noch unsere liebe Mutter in den Zimmern schaffen und räumen.

Am nächsten Morgen trotteten wir in dunkler Nacht in die Kirche, durch deren hohe Fenster die Lichter der beiden großen Christbäume leuchteten. Mein Großvater saß bereits an seinem gewohnten Platz an der Orgel, die leise einsetzte und überleitete zu schönen alten Weihnachtsliedern. Die Christmette in der großen und eiskalten Kirche dauerte etwa zwei Stunden. Die feierliche Stimmung zu Beginn dieser besonderen Mette wich mit der Zeit bei uns Kindern, nachdem die Kälte in alle Poren kroch. Dennoch überstanden wir diese Zeit und im Folgejahr freuten wir uns wieder auf diesen besonderen Gottesdienst, der sich deutlich vom üblichen Sonntagsgottesdienst unterschied. Jeder Gast nahm sein Licht mit und so erstrahlte die Kirche im feierlichen Schein von Hunderten von Kerzen. Die Lesung der schlichten und wundersamen Weihnachtsgeschichte ergriff uns immer wieder aufs Neue. Unter brausenden Orgelklängen verließen wir nach Beendigung der Mette die Kirche.

Nun ging es Silvester entgegen. Wieder herrschte viel Trubel bei uns in der Familie. Mutter war damit beschäftigt, in diesen letzten Dezembertagen die gedruckten Neujahrsglückwünsche vorzubereiten, damit diese versandt werden konnten. Dazu wurde eine Liste mit den vielen Anschriften aufgestellt und genau darauf geachtet, dass niemand vergessen wurde. Wir Kinder halfen dabei, so gut es ging. Marthel bestellte bereits im Herbst die benötigten Karten in der Druckerei, die diese in kleinen Bündeln mit Schnüren verpackt bei uns anlieferte.

Nach dem Abendessen am Silvesterabend verbrachten wir die Stunden bis zur Jahreswende mit den Großeltern, Onkeln und Tanten. In der letzten Stunde vor dem Glockenschlag spielte unser Vater am Flügel das Lied ‚Des Jahres letzte Stunde ertönt mit ernstem Schlag' und wir alle sangen kräftig mit. Wein und dampfender Punsch machten uns die Wartezeit schmackhaft.

Kurz vor Mitternacht betraten wir Jungen den Balkon, unter uns die Stadt mit ihren in späteren Jahren angestrahlten Türmen und Häusern. Vetter Curt brannte grünes und rotes Feuer ab, das den weitläufigen Garten und das imposante Haus mit magischem Licht übergoss. Unten vor dem Haus wurde ein schwerer Kanonenschuss gelöst, dessen Echo aus der tiefer liegenden Stadt widerhallte. Einmal ging dabei das Balkontürfenster in der großelterlichen Wohnung zu Bruch.

Punkt 24 Uhr erklangen die Kirchenglocken, und vom Altmarkt vor der Kirche her ertönten die Klänge des von der Stadtkapelle gespielten Chorals ‚Nun danket alle Gott'. Das neue Jahr war angebrochen, wir umarmten einander freudig und beglückwünschten uns. Sogar manche Träne der Rührung floss. Die Gedanken gingen zurück zum vergangenen Jahr mit seinen guten, aber auch schweren Tagen. Dennoch richteten wir den Blick hoffnungsvoll ins neue Jahr.

Am Neujahrsmorgen hörten wir von unseren Betten aus, wie Kutscher und Gärtner den Großeltern ihre Glückwünsche aussprachen. Auch Fremde kamen vorbei, die ihre Wünsche herleierten, froh, schnell fertig zu werden, damit sie das übliche Geldgeschenk erhielten.

Am Hochneujahrstag, dem 6. Januar, erstrahlte der Weihnachtsbaum zum letzten Mal. Er wurde abgeputzt und fand auf dem Holzplatz im Garten sein Ende. Jedes Jahr musste ich zu diesem Zeitpunkt an Andersens trauriges Märchen ‚Der Tannenbaum' denken. Die Geschichte eines Tannenbaums, der sein Leben nicht genießen kann, sondern einem Lebenstraum nach dem anderen nachjagt, um am Ende seinen Irrtum zu erkennen – aber da ist es bereits zu spät. Auch das Leben unserer Tannenbäume endete kahl in der Ecke eines kalten Hofes.

Schulzeit
Ende des 19./Anfang des 20. Jahrhunderts

Nachdem wir drei Jahre lang die Seminarübungsschule besucht hatten, traten mein Bruder und ich zunächst in die Realschule mit Progymnasium ein. 1901 wurde ich in das Gymnasium in Zwickau aufgenommen.

Der Abschied von daheim war sehr schwer für mich. Ich fühle es heute noch, als wäre es erst gestern gewesen. Der Zug setzte sich langsam in Bewegung und die Heimat entschwand meinen Blicken. Die lärmende und rußige Stadt zog mich wenig an. Bei Spaziergängen sah man hauptsächlich Fabrikschornsteine und Bergwerke. Nach diesem Jahr wechselte ich nach Schneeberg.

Für Erheiterung sorgten wiederum die kleinen Geschichten des Lebens. Damals lebte noch manches Original. Einer unserer Nachbarn, ein kleiner Mann mit wenig Haaren und dafür umso größerem Bauch, war uns Kindern als exzentrisch bekannt. Traf man ihn, so redete er mit sich selbst und ließ dabei seinen Kopf nach links auf seine Schulter sinken. Er schien von einem anderen Planeten zu sein. Eines Tages sahen wir ihn bei einem unserer Ausflüge, wie er in einer Holzbadewanne mit den Worten „Jetzt fahr ich nach Amerika" über das Göltzsch-Wehr fuhr. Wir tauften ihn *der Amerikaner*; diesen Namen behielt er bis zu seinem Lebensende.

In lebhafter Erinnerung stehen mir noch die vaterländischen Gedenktage: Kaisers und Königs Geburtstage und der Sedantag. Am Tag der Sedanfeier fand unter Leitung eines Theologen vom Gymnasium ein Kriegsspiel mit Geländeübung statt. Es gab eine blaue und eine rote Partei, die gegeneinander kämpften. Als Auszeichnung gab es Eiserne

Kreuze aus Pappe, genaue Nachahmungen des Eisernen Kreuzes von 1870/71. Wegen der Eroberung einer feindlichen Fahne wurde auch ich damit ausgezeichnet, ohne zu ahnen, dass ich das Kreuz von Eisen wenig später tatsächlich erhalten würde.

Damals dachte aber noch niemand an einen Krieg. Das Reich stand gefestigt da, geschützt von seinem unvergleichlichen Heer und seiner Flotte. Der Handel und Wandel blühten, der Fleißige kam voran. Die soziale Fürsorge wurde immer weiter verbessert.

Große Freude herrschte bei allen Schichten, wenn bei den im Erzgebirge und Vogtland stattfindenden Herbstmanövern die imposanten Regimenter anrückten. Die ärmsten Menschen waren beleidigt, wenn sie keinen Soldaten zur Einquartierung bekamen. Wir Schüler hatten „manöverfrei" und verfolgten begeistert die Biwakfeuer. Die Truppenübungen beeindruckten uns Jungen sehr. Wir sprachen noch wochenlang davon und waren stolz, wenn wir bekannte Offiziere getroffen hatten, und begeistert, wenn der König oder die Prinzen am Manöver teilgenommen hatten.

Neben den hohen Festtagen bildeten die Geburtstage einen willkommenen Anlass, sich mit der Familie zusammenzufinden. Auf dem Tafelklavier waren die Geschenke aufgebaut, darunter ein aus Makronenteig hergestellter stattlicher Bienenkorb. Dieser wurde von essbaren Bienen umsummt, welche an ganz feinen Drähten schwebten. Dazu gab es Marzipanblumen und Baumkuchen und abends tischte man Truthahn auf. Mutters Geburtstag im Mai gestattete oft das Verweilen im sonnigen Garten bis lange nach Sonnenuntergang.

Im Sommer 1907 absolvierte ich einen Tanzkurs. Ich hatte mich zunächst heftig dagegen gesträubt, aber mit viel gutem Zureden war es meinen Eltern gelungen, mich doch noch zu überzeugen. Sie wollten nun einmal unbedingt, dass ich Tanzen lernte. Die Tanzstunden fanden im großen Saal des Casinos statt. Den gleichaltrigen Mädchen gegenüber blieb ich unbefangen. Überraschend fand ich doch Gefallen am Tanzen und heute denke ich gerne an die Tanzstundenzeit zurück.

Musik begleitete mich über meine gesamte Jugendzeit. Im Sommer gab es in Auerbach eine gute Opern- und Operettenspielzeit unter der Leitung des Städtischen Musikdirektors Rudloff. Meine Schwester Marthel und ich waren eifrige Besucher davon. Als Gymnasiast in Schneeberg gehörte ich dem Schulchor und später auch dem Schulorchester als Geiger an, auch wenn ich Klavier lieber spielte als Geige. Unsere Kunst zeigten wir jedes Jahr kurz vor Weihnachten bei einem Ball.

Wir Schüler der Oberklassen fanden uns jeden Sonnabend nach dem Essen im Saal des „Sächsischen Hauses" neben der Post zusammen. Aufsichtsperson war unser Gesangslehrer Professor Kupfer, der auch die Schulbücherei verwaltete. Er beriet uns bei der Auswahl der Bücher, warf aber jeden hinaus, der ein Buch von Karl May begehrte. Der Autor mit seinen Abenteuerromanen hatte sich damals noch nicht durchgesetzt. Wir kamen aber dennoch zu unserem Karl May, weil wir seine Hauptwerke auf unseren Wunschzetteln zu Weihnachten erbaten.

Kupfer Heinrich, wie wir ihn nannten, war ein Original, seinen Schülern zugetan wie ein Vater. Wir verehrten ihn, den kleinen, rundlichen Mann mit rotem Gesicht, weißem

Spitzbart und Haar. Vor jedem Chorauftritt verteilte er Lakritze, zum Lösen der Stimme, wie er immer sagte. Oft hörte man ihn am Flügel, den er mit Meisterschaft beherrschte. Geblieben ist mir neben der Erinnerung an ihn auch die unauslöschliche Liebe zur Musik und zur Kunst insgesamt.

Studentenjahre
Anfang des 20. Jahrhunderts

Zu Ostern 1909 legte ich die Reifeprüfung ab. Ich nahm Abschied vom alten Schneeberg, von Lehrern, Pensionseltern und Kameraden. Schon als Schüler war ich entschlossen, Verwaltungsjurist zu werden. Von Anfang an war für mich klar, dass ich nicht Justizjurist werden würde. Es zog mich zur staatlichen inneren Verwaltung, deren großzügigeren, aufbauenden Dienst ich schätzte. Mit dieser Arbeit schuf man Gutes. Man vernichtete nicht die Existenz der Menschen, sondern versuchte ihnen zu helfen, wo man konnte. Das erste Semester wollte ich in Leipzig verbringen, um bei Semesterschluss das fünfhundertjährige Bestehen der Universität mitzufeiern.

Unser Vater begleitete mich nach Leipzig, um mit mir eine geeignete Wohnung zu suchen. Diese Fürsorge war berechtigt, denn ich war erst achtzehn Jahre alt, in der Kleinstadt aufgewachsen und nicht vertraut mit den Gefahren einer Großstadt. Es gab Studentenviertel, vor denen gewarnt wurde. Dort wohnten viele Ausländer, meist aus dem Balkan, die nachts lärmten und sich prügelten.

Wir mieteten schlussendlich ein hübsches und sonniges Zimmer in der Albertstraße 8 bei den Schwestern Kiefer, zwei älteren Fräulein, deren Vater Kapellmeister am Leipziger Schauspielhaus gewesen war. Die netten Damen erzählten viel vom Theater, was mich besonders interessierte.

An das studentische Leben mit seiner ungewohnten Freiheit gewöhnte ich mich rasch. Die Stadt gefiel mir ausgezeichnet: die prächtigen alten Barockhäuser, das impo-

sante Rathaus, das Siegesdenkmal und der weite Augustusplatz mit den stattlichen Bauten. Es bereitete mir Freude,
durch die engen Straßen der inneren Stadt zu spazieren,
vorbei an den mit besten Waren ausgestatteten Läden. In
der Stadt des Buchhandels zogen mich die vielen Buch-
handlungen und Antiquariate wie magisch an. Wenn ein
Käufer vormittags irgendein Buch bestellte, so hielt er es
bereits am Nachmittag in den Händen.

Viele Eindrücke stürmten auf mich ein, die ich begierig
aufsog. Ein besonderer Tag war für mich der erste Besuch
der Universität. Schon äußerlich wirkte der schöne Bau
ehrfurchtseinflößend auf mich, prächtig war die Wandelhalle mit ihren Marmorsäulen und schweren Türen. Am
Nachmittag meiner Immatrikulation wurde ich durch den
Rector magnificus Prof. Karl Binding mit Handschlag verpflichtet und war nun stud. iur. Ich kann kaum in Worte fassen, welcher Stolz mich an jenem Tag erfüllte.

Die juristische Fakultät in Leipzig war wohl damals die
bedeutendste Juristenfakultät in Deutschland. Ins bürgerliche Recht führte uns Prof. Emil Strohal ein, ein Tiroler, der
im langsamen österreichischen Deutsch seine Vorlesungen
hielt, oft mit Humor gespickt. Prof. Ludwig Mitteis, ebenfalls Österreicher, trug mit etwas nasalem Tonfall geist-
reich und witzelnd vor, oft mit recht deutlichen Anspielun-
gen gegenüber den Studentinnen, die damals in sehr gerin-
ger Zahl Rechtswissenschaften studierten. Als Anmerkung
sei gesagt, dass in Deutschland erst ab 1922 Frauen die Voraussetzung zur Anwaltschaft als auch zum Richteramt er-
möglicht wurde. Volkswirtschaftslehre hörte ich bei Prof.
Karl Bücher, dessen Vorlesungen um 7.15 Uhr in der Früh
begannen – eine Uhrzeit, die bei uns Studenten alles andere

als beliebt war. Bücher gründete das erste Institut für Zeitungswesen in Deutschland. Prof. Otto Mayer las in bayrischem Dialekt über Verwaltungsrecht vor.

An jedem Sonnabendnachmittag um 13.30 Uhr besuchte ich die Motette des berühmten Thomanerchors in der Thomaskirche unter Leitung von Prof. Gustav Schreck. Das hielt ich während meiner gesamten Studentenzeit in Leipzig so. Nach der Motette traf ich mich am Kirchenportal mit Paul Wetzel aus Pirna, später Regierungsrat in Leipzig, und ging mit ihm ins Café Promenade gegenüber dem Alten Theater. Abends trafen wir uns wieder in einer der gemütlichen Gaststätten oder zum Konzert im Panorama, wo wir auch oft zu Mittag aßen. Bisweilen erfreuten wir uns auch auf der Terrasse des Cafés Felsche mit einem weiten Blick über den Augustusplatz mit seinem lebhaften Verkehr. In Lützen bewirtschaftete die Försterwitwe Scharck aus Pommern mit Sohn und vier schönen Töchtern die Parkschänke. Beim Bowletrinken verbrachten wir dort so manche gesellige Stunde.

An warmen Sommerabenden gondelten wir auf der Pleiße nach Connewitz. In den Jahren um 1909 hatte Graf Zeppelin mit seinen Luftschiffen die Welt in Aufruhr versetzt. Begeistert wurden die Fahrten der Riesenschiffe in Stadt und Land begrüßt. Auch über Leipzig erschien der Zeppelin. Durch das deutsche Volk ging ein Gefühl des Stolzes, die englische Presse aber hetzte gegen ihn. Sie erkannte eine ungeahnte militärische Bedrohung aus der Luft – ein Alptraum für die Engländer.

Zu den unvergesslichen Eindrücken meiner Leipziger Zeit gehört auch der Besuch der Gewandhauskonzertproben unter Leitung von Prof. Arthur Nikisch. [Anmerkung: 2022 feiert das Leipziger Gewandhausorchester den 100.

Todestag von Arthur Nikisch, es stehen in diesem Jahr diverse Konzerte zu seinen Ehren auf dem Spielplan. Parallel zu den musikalischen Highlights des »Fokus: Arthur Nikisch zum 100. Todestag« ist eine Ausstellung zum Leben und Wirken von Arthur Nikisch zu sehen, der 27 Jahre lang als 11. Gewandhauskapellmeister in Leipzig tätig war.]

Das kurze Sommersemester näherte sich dem Ende. Die Fünfhundertjahrfeier stand nun kurz bevor. Schon Wochen vorher befand sich die Stadt dank umfangreicher Vorbereitungen im Ausnahmezustand. Große Tribünen wurden errichtet, Fahnenmasten aufgestellt, Gebäude und Straßen geschmückt und Häuser frisch abgeputzt. Ein Strom von Gästen ergoss sich in die Stadt, darunter Tausende früherer Studenten. Ich wohnte während des Festakts im Neuen Theater.

In den Straßen und auf den Plätzen wogte im strahlenden Sonnenschein eine festlich gestimmte Volksmenge.

„Vor dem Augusteum standen zwei Tribünen mit ungefähr tausend Plätzen. Auf der Freitreppe des Museums an der Südseite des Augustusplatzes erhob sich das Königszelt, dazu zwei überdachte Tribünen mit Logen für die Ehengäste. In der Festzeitung erschien eine an alle Teilnehmer gerichtete Begrüßungsadresse des Rektors Karl Binding.

Anlässlich des Jubiläums erreichten Leipzig Glückwünsche und Geschenke aus aller Welt, die später in der Aula ausgestellt wurden. Der Rektor der Karls-Universität Prag, Ritter v. Jaksch, überreichte Rektor Binding und den Dekanen einen kostbaren Goldschrein mit dem ersten Siegel der Universität Prag als Gruß der „Mutter an die Tochter". [Anmerkung: Die Universität Leipzig ist nicht eine von Kaiser, Papst oder Landesherren beauftragte Stiftung, sondern von den Professoren und Studenten selbst gegründet, die Leipzig nach dem Auszug aus Prag als Ort der neuen Hochschule wählten. Dadurch verfügte sie über eine Autonomie wie keine andere deutsche Universität.]

Am Abend versammelten sich die Vertreter deutscher und nicht deutscher Universitäten und Akademien und die Ehrengäste im Augusteum. In der Aula war erstmals das Wandbild Max Klingers zu sehen. Das Gemälde *Die Blüte Griechenlands* hatte Klinger zum 500-jährigen Jubiläum der Universität 1909 geschaffen. Es zeigte vor einer pastellfarbenen Landschaft mehrere Figurengruppen der griechischen Geschichte und Mythologie. Im Zweiten Weltkrieg verbrannte es. 2021/22 wird in Leipzig eine Reproduktion eines Ausschnittes dieses Gemäldes gezeigt.

Am Abend erfolgte dann im Palmengarten die allgemeine Begrüßung aller Teilnehmer."[3]

Auf der Bühne standen die Sänger des Universitätsgesangvereins Paulus, davor hatten die Professoren im geschmückten Talar Platz genommen, in der Mitte der vordersten Reihe saß unser König mit den Ministern. In den Ehrenlogen nahmen die Angehörigen des Königlichen Hauses Platz, darunter die Prinzen Georg, Friedrich Christian und Ernst Heinrich. Fast sämtliche deutsche Fürsten waren erschienen oder hatten ihre Vertreter entsandt. Ich konnte damals nicht ahnen, dass mich Prinz Ernst Heinrich einmal auf dem Schlossteich von Moritzburg in seinem Boot rudern würde. Aber davon später mehr.

---

[3] www.research.uni-leipzig.de

Nach der Ansprache des Königs und einer großartigen Rede Bindings sprachen die Vertreter sämtlicher Universitäten der Welt unserer Universität ihre Glückwünsche aus. Binding dankte bewegt. Es waren große Stunden – für ihn und uns alle.

Ferner wurde in der Wandelhalle ein Denkmal unseres geliebten Königs Friedrich August v. Sachsen enthüllt, verbunden mit der Immatrikulation des Kronprinzen Georg und des Prinzen Friedrich Christian. Ich war stolz darauf, einer solchen Bildungsstätte anzugehören. Stolz auf Heimat und Volk, in dem ich wurzelte.

Der Festakt im Neuen Theater begann 10.30 Uhr mit der vom Gewandhausorchester unter Arthur Nikisch gespielten Jubel-Ouvertüre von Carl Maria von Weber.

Der Festzug verlief ebenfalls glanzvoll. Chargierte der Verbindungen saßen zu Pferd, gefolgt von Gruppen, die zu Fuß, zu Pferd und auf Festwagen unterwegs waren. Sie stellten die Geschichte der Universität dar. Den Abschluss des Festes bildete der große Kommers in einer besonders erbauten Festhalle auf dem Messegelände. Auch hier war wieder alles sorgfältig vorbereitet. Jeder Gast erhielt beim Eintritt seine Platznummer am Tisch, sodass er sofort ohne Drängen seinen Platz in der riesigen Halle fand. Dabei waren sogar Wünsche berücksichtigt worden, wenn einzelne Gäste beieinandersitzen wollten.

Am Sitzplatz lagen für jeden Gast Rauchmaterial, Biermarken, Ansichtskarten mit dem Postsonderstempel und ein Liederbuch bereit. Die Ansprachen eröffneten der König und Binding. Gesänge und Konzertstücke folgten. Bald herrschte frohe Stimmung. Eine wichtige Funktion hatte der studentische Festausschuss, er organisierte die Mitwirkung der Studenten bei den einzelnen Festakten und vor allem bei der Durchführung des Festzuges.

„Der Festzug war ja phänomenal", rief ich freudig und nach dem Genuss des ersten Glases kühlem Bier nun merklich entspannt meinem Tischnachbarn zu. Mein Kommilitone erhob daraufhin sein Glas und prostete mir zu.

„An einigen Stellen drängten sich die Zuschauermassen so sehr, dass der Festzug nicht weiterkam. Die haben Melder mit Automobilen eingesetzt, damit es weitergeht."

Die Stunden vergingen allzu schnell. Besondere Ehrengäste begaben sich auf Einladung des Königs nach Meißen, wo mit einer Tafel im Albrechtsschloss die Jubelfeier ausklang.

Leider war das Jahr 1909 nicht nur mit Freude gefüllt. Auf einer Reise mit meinem Vater ins Fränkische kehrten wir am 21. Juli abends nach einem Rundgang durch Würzburg in unseren Gasthof zurück. Dort fanden wir ein Telegramm meiner Mutter vor. Unser geliebter Großvater, der Vater meiner Mutter, war nachmittags gegen 17.00 Uhr von uns gegangen.

Mein Vater und ich fuhren daraufhin gleich nach Hause. Als ich daheim in die friedlichen Gesichtszüge meines entspannt schlafenden Großvaters blickte, wurde mir erst so richtig bewusst, welch großen Verlust wir erlitten hatten. Unser Großvater war trotz seines hohen Alters von fast 87 Jahren innerlich jung geblieben und war immer gerne mit der Jugend zusammen gewesen. Sein abgeklärtes, immer frohes Wesen, sein Humor, seine Liebe zu uns allen und seinen Mitmenschen würden uns unvergessen bleiben.

Als er im Sterben lag, blickte er mit weit geöffneten blauen Augen zur Zimmerdecke empor und flüsterte: „Ach, ist das schön!" Unsere am Bett weilende Mutter hat dies nie vergessen können und erzählte häufig von der Begebenheit. Groß war die Zahl derer, die unseren Großvater noch einmal sehen wollten, vor allem waren es seine alten Arbeiter.

Trotz der großen Trauer ging das Leben weiter und meine Ausbildung durfte nicht ruhen. Für das zweite Semester wählte ich München als Studienort, das mir von wiederholten Reisen schon sehr vertraut und eng ans Herz gewachsen war. Die Kunstschätze, die Kulturbauten, die Museen, Theater und die wunderschöne Umgebung lockten mich.

Im Oktober 1909 traf ich in München ein und fand eine Wohnung in der Blütenstraße 21 bei Familie Lang. Eines Tages erfuhr ich, dass deren Tochter schwer krank in der Wohnung lag. Frau Lang führte mich unaufgefordert in das Krankenzimmer ihrer Tochter. Im Bett ruhte ein bezauberndes junges Mädchen mit geschlossenen Augen und herrlichem schwarzem Haar, das zu beiden Seiten des feinen Gesichts ausgebreitet lag wie ein Fächer. Die dem Tode geweihte Schönheit, dem Schneewittchen gleich, machte auf mich einen tiefen Eindruck, der noch lange in mir nachhallte. Ich war eines nachts spät von einer Faschingsveranstaltung heimgekommen, als ich nach kurzem Schlaf durch lautes Weinen geweckt wurde. Ich zog mich an und erfuhr, dass die schöne, kranke Tochter soeben gestorben war. Den Tod eines jungen Menschen aus der unmittelbaren Umgebung hatte ich noch nicht erlebt. In der Wohnung der bleiche Tod und in meinem Zimmer verstreut buntes Konfetti, das aus meiner Kleidung gefallen war – welch ein Gegensatz.

Das Universitätsleben in München empfand ich als sehr bereichernd. Als berühmte Männer wirkten an der Universität Wilhelm Conrad Röntgen und Erich von Drygalski, der

Südpolforscher. Der Umbau der Universität an der Ludwigstraße war gerade fertig geworden, prächtig war der Treppenaufgang mit den Marmorstandbildern des Königs Ludwig I. und des Prinzregenten Luitpold von Bayern.

Lujo Brentanos Vorlesungen über Volkswirtschaft waren überfüllt. Grueber, der Römisches Recht hielt, begrüßte uns stets mit den Worten „Meine lieben Herren Kommilitonen", was mir sehr gefiel. Nachhaltigen Eindruck machte auf mich die Vorlesung von Freiherr von Stengel, einem hochgewachsenen Mann mit weißem kurzem Vollbart, der ein glühender Anhänger Bismarcks, des Deutschen Reiches und seines Kaisers war. Seine Vorträge über Reichs- und Landesstaatsrecht waren sehr fesselnd.

In München traf ich mich regelmäßig mit Kommilitonen. Nach den Vorlesungen gingen wir viel im Englischen Garten spazieren. Wir besuchten Konzerte und unternahmen Ausflüge nach Starnberg, Tegernsee, Dachau, Schleißheim und Partenkirchen. Ich besuchte das idyllische, malerische Wasserburg am Inn, wo ich mit Vater und meinem Bruder einige Jahre zuvor gewesen war. Bleibenden Eindruck hinterließ bei mir jungem Mann damals das Bräustüberl am schönen Tegernsee. Geprägt war dies vor allem von der Vielschichtigkeit seiner Gäste, die hier ein einmaliges Klima aus bewahrender Tradition und toleranter Offenheit schufen. Einheimische trafen auf Hochadel, es folgten Sommerfrischler und Künstler, Schöne, Reiche, Wichtige und weniger Wichtige. Die Kulisse des Tegernsees ist dabei so einzigartig wie das Tegernseer Bier. Dieses wurde aus Holzfässern in große Krüge ausgeschenkt, ohne dass der Zapfhahn dabei einmal geschlossen werden musste. Krug folgte auf Krug, Frauen im Dirndl trugen das kühle Nass zu den durstenden Gästen.

In Neuhaus am Schliersee traf ich Edith Grimm, geborene Zumpe. Mit ihrem Gatten war sie zuvor bei ihrer Mutter in Stockdorf bei München gewesen. Mit Edith bin ich im Briefwechsel, der bis zum heutigen Tag anhält. Unvergessen bleibt unsere Bergtour auf die Brecherspitz vorne über den Grat hinauf, hinab dann über die Firstalm und den Spitzingsee hinunter ins Tal – eine stramme Tageswanderung vor einer traumhaften Kulisse, begleitet von Gams und Murmeltier.

Großes Interesse hatte ich an den politischen Verhältnissen. Wiederholt besuchten wir die Zentrumsversammlungen und die Versammlungen ihrer Feinde, der Freidenker, in denen es hoch herging. Oft saßen wir bis spät in die Nacht beisammen und sprachen mit heißen Köpfen und noch heißeren Herzen über alle möglichen Fragen der Politik, Geschichte und Philosophie. Die einen Redner wurden umjubelt, die anderen liefen Gefahr, mit Maßkrügen beworfen und hinausgeschmissen zu werden. So war immer etwas los.

Mir bereitete der Besuch der Pinakotheken, der Schack-Galerie, Kunstausstellungen und aller anderen Museen viel Genuss. Schauspiele und Operetten gehörten fest zum Abendprogramm, vor allem im Gärtnerplatztheater, das auch damals schon Operetten gab. Auch die meisten Münchner Kirchen habe ich besucht. Unvergesslich sind mir die Abende in der Oper und im Odeon geblieben. Hofoperndirektor war Felix Mottl, der mit Hermann Zumpe, Vaters Jugendfreund, bekannt war.

Zumpe war begeisterter Wagnerverehrer. Wagners Musik war zu dieser Zeit noch neu, der Meister vermochte sich aber allmählich durchzusetzen. Häufig ging Zumpe umher wie in einer Traumwelt, seine Umgebung übersehend. Bald wurde er Wagners Schüler und konnte sich ihm in der Nibelungenkanzlei in Bayreuth komplett widmen, nachdem er die künstlerische Leitung des neu erbauten Prinzregententheaters in München übernommen hatte und dort auch als Generalmusikdirektor Aufführungen im Hoftheater leitete. Auf meine Veranlassung sind im Bautzener Stadtmuseum Zumpes Bild angebracht und dessen Kompositionen verwahrt worden.

Eine besondere Note hatte die Künstlerkneipe Simplicissimus in der Türkenstraße. Der Betrieb dort begann erst ab 23 Uhr. Eng eingepfercht, bei einer nicht gerade billigen Bowle, saßen die Gäste beisammen, darunter Künstler aller Art, Studenten, Maler, Models, Berühmtheiten aus der Welt der Literatur, der Kunst und des Theaters. Vornehme Durchreisende, elegante Frauen und Offiziere in Zivil komplettierten die illustre Runde. Allabendlich wurden dem bunten Publikum Gedichte, Gesänge und Klaviervorträge von einem winzigen Podium aus geboten, auf dem nur ein Klavier in einer Nische Platz fand. Manches Gedicht und Lied wurden hier uraufgeführt. Als Vortragende wurden später Joachim Ringelnatz (Hans Bötticher aus Wurzen bei Leipzig) sowie Karl Valentin bekannt.

„Geleitet wurde die Gaststätte von Katharina Kobus, genannt Kathi, einer großen, kräftigen, dunklen Frau und gebürtigen Tirolerin. Sie war die Tochter eines Traunsteiner Pferdehändlers, Lohnkutschers und Gastwirts. Aufgrund einer unehelichen Schwangerschaft verwies ihr Vater sie des Hauses und enterbte sie, sodass die Siebzehnjährige nach München zog und sich später, unterstützt von der wohl verwitweten Mutter, als Kellnerin und Malermodell durchschlug.

In den Neunzigerjahren wurde sie Kassiererin in der ,Dichtelei' in der Adalbertstraße, in der sich eine Brettl-bühne entwickelt hatte. Kathi wurde bereits dort zu einer Institution bei den Gästen. Es gelang ihr schließlich, sich selbstständig zu machen und in der Türkenstraße 57 den Simplicissimus zu eröffnen. Sie hatte das sogenannte Wein-restaurant im Jahr 1902 in den ehemaligen Räumlichkeiten das Café Kronprinz Rudolf eröffnet. Den Umzug von der Adalbert- in die Türkenstraße soll sie in der Walpurgis-nacht 1903 mithilfe ihrer Kundschaft vollzogen haben.

Kobus, die ihr neues Lokal nicht unter dem Namen ,Neue Dichtelei' führen durfte, übernahm sowohl den Namen als auch das Motiv der grimmigen Bulldogge von der Titelseite der Simplicissimus-Hefte für ihr Lokal, ohne vorher mit dem Verlag Albert Langen wegen der Rechte Kontakt auf-genommen zu haben. Der Simplicissimus war eine satiri-sche Wochenzeitschrift, die vom 1896 bis 1944 in München erschien. Die Zeitschrift zielte auf die wilhelminische Poli-tik, die bürgerliche Moral, die Kirchen, die Beamten, Juris-ten und das Militär und nahm diese aufs Korn.

Kathi sammelte Bilder, die ihre malenden und zeichnen-den Kunden schufen, und schmückte damit die Gaststube. Den Schriftstellern, Sängern und Tänzern, die zum Teil re-gelmäßig in der Künstlerkneipe auftraten, zahlte Kathi Ko-bus zumeist kein oder nur ein sehr niedriges Honorar, aber sie erhielten dafür häufig Speisen und Getränke. Ringelnatz schrieb über seine Brotherrin: „[...] das weitverbreitete und von ihr selbst geschickt genährte Gerücht, dass sie eine Mä-zenin sei und arme Künstler unterstütze, entsprach nicht der Wirklichkeit. Kathi Kobus schenkte niemals jemandem etwas, ohne Gegenleistung zu fordern oder ohne geschäftlichen Vorteil daraus zu ziehen. Und sie nutzte die Kräfte, die in ihrem Dienste standen, bis aufs Äußerste aus."

Als Hausdichter galten unter anderem Julius Beck, dessen Dialektgedichte sie selbst vortrug, Ludwig Scharf und Erich Mühsam. Dieser schrieb später über die Blütezeit des Lokals: „So lange, bis Wedekind in der Torggelstube einen festeren Kreis um sich schloss, mit höheren geistigen Ansprüchen und sorgfältiger gewahrter Exklusivität, und bis Konkurrenzlokale, wie der Bunte Vogel und Boheme, einen Teil der Künstlerschaft von dem nicht übertrieben abwechslungsreichen Lärm, Gedränge und Gestank der echtesten Münchener Künstlerkneipe abzogen, fluktuierte im Simplicissimus der Kathi Kobus die Geistigkeit Münchens in allen ihren Verästelungen und Cliquen, und man konnte an manchen Abenden die heterogenen Elemente der Literatur und Kunst an den verschiedenen Tischen vertreten sehen."[4]

Über das Aussehen des Simpl, wie er liebevoll genannt wurde, seine Gäste und Atmosphäre gibt es zahlreiche Aufzeichnungen. Untertags glich das kleine Lokal mit den zwei durch einen schmalen Schlauch vom Gang verbundenen Räumen, seinen Gemälden und bis an den Rand mit Karikaturen gepflasterten Wänden mehr einer Art markantem Kunsthandel, der sich Nacht für Nacht mit Menschen, Tabakqualm und Alkoholdunst lebensgefährlich schwängerte. Spötter erzählten, die Köchin sei jede Stunde mit einem großen Messer gekommen und habe die Luft in annehmbare Scheiben geschnitten. Kathi, die sich gern in

---

[4] Wikipedia: Kathi Kobus.

Chiemgauer Tracht zeigte, überwachte mit strengem Regiment die wabernde Gemütlichkeit ihrer dionysischen Oase.

Die Namen derer, die bei Kathi Kobus auftraten, sind legendär. Hatte die Kathi einen so guten Riecher, dass sie Talente des literarischen Kabaretts sicher heraussuchte? Wahrscheinlicher war, dass diese Talente vom Simpl auf unerklärliche Weise angezogen wurden. Der Weizen kam, die Spreu fühlte sich nicht wohl und blieb bald wieder weg. Gäste wurden zu Auftretenden, Auftretende waren im nächsten Augenblick wieder Gäste.

Eine weitverbreitete Anekdote behauptet, Ringelnatz sei irrtümlich in den Simpl gekommen. Die rote Laterne mit dem Simpl-Hund habe ihn ein Bordell vermuten lassen. Als er das Lokal betrat, hätte er sich bestimmt nicht erträumen lassen, dass er einmal Hausdichter der Kathi Kobus werden würde. Er hatte sich zuvor in einer ganzen Reihe von Tätigkeiten versucht und war zur See gefahren. Als er zum ersten Mal einen Fuß in den Simpl setzte, arbeitete er gerade im Reisebüro Bierschenk am Münchner Stachus. Er war Schaubudengehilfe und Dachpappencommis mit fröhlichem Landstreichertum gewesen, das im Stadtgefängnis von Amsterdam geendet und zur Ausweisung geführt hatte. Eines der ersten Werke von Joachim Ringelnatz war das Simplicissimus-Lied von 1909:[5]

---

[5] Walther Diehl: Die Künstlerkneipe Simplicissimus.

Mitternacht ist's. Längst im Bette
Lieget der Spießer steif und tot,
Ja, dann winkt das traulich nette
Simpla-Glasglüh-Morgenrot.
Und mich zieht's mit Geisterhänden,
Ob ich will, ob nicht, ich muss
Nach den bildgeschmückten Wänden
In den Simplicissimus.
Wo sich zum gemeinen Wohle
Künstler und Boheme trifft,
Wo die Kathi still zur Bowle
Mischt das tödliche Gift;
Wo mit Mandolinenklängen
Sich verwebt der Weißwurst Dampf,
Lausch ich fröhlichen Gesängen
Und dem Mords-Klaviergestampf.
Wo das Malweib uns stets heimlich
Vor- und hinterrücks skizziert,
Wirkt der Dichter rühm- und reimlich,
Tanzt man, scherzt und rezitiert.
Ist auch vollbesetzt das Zimmer,
Fremdling, stoß dich nicht daran,
Kathi Kobus findet immer
Plätze noch für zwanzig Mann.

Ausgedehnte Vergnügungen wurden im Bayrischen Donisl gegenüber dem Rathaus beschlossen. [6] Hier gab es außer trefflichem Bier vorzügliche Weißwürste. Die Gäste setzten sich aus allen Schichten der Bevölkerung zusammen: Droschkenkutscher, Offiziere, Arbeiter, Studenten, Straßenmädchen mit Anhang und brave Bürger mit ihren Frauen. Ein riesiger Hausknecht mit aufgekrempelten Hemdsärmeln sorgte notfalls für Ordnung.

Das bekannte Oktoberfest auf der Theresienwiese war gerade vorüber, als ich nach München kam. Zu Fasching herrschte in der Stadt eine unbeschreibliche Lebensfreude. Sämtliche Brauhäuser waren überfüllt. Im Löwenbräukeller fand ein Faschingsball mit Tausenden von Besuchern statt, die alle kostümiert und maskiert waren. Ein wahrlich farbenfrohes Schauspiel! Der Tanz der Quadrille, an dem mehrere Hundert Tanzpaare teilnahmen, war hinreißend schön. Ein solcher Abend war nicht allzu teuer. Zu gutem Bier wurden Salzbrezeln und Bratwürste serviert, um Mitternacht gab es dann noch Weißwürste.

München war eine aufregende Stadt und ich erlebte so manche spannende Begegnung. Im Hof des von mir bewohnten Hauses befand sich das Atelier des Kunstmalers Prof. Herrmann Groeber. Eines Nachmittags fuhr eine blaue Hofkutsche vor, aus welcher der greise Prinzregent Luitpold stieg. Der Regent, wie er genannt wurde, pflegte häufig Künstler in ihren Ateliers zu besuchen und sich ihr Schaffen anzusehen. Teilweise kaufte er auch deren Werke. Seinen Sohn sah ich später in Leipzig, als er die Universität besuchte. Er war ein schlichter, besonders auf dem Gebiet

---

[6] Die Bierwirtschaft Donisl am Marienplatz in München gibt es noch heute.

der Landwirtschaft, Pferdezucht und des Wasserstraßenbaus als Fachmann geschätzter Mann. Einen anderen Sohn des Regenten, den Generalfeldmarschall Prinz Leopold, lernte ich im Ersten Weltkrieg kennen, als ich ihm bei einer Parade in Minsk vorgestellt wurde.

Nicht nur das kulturelle, sondern auch das sportliche Leben war bedeutend für mich, besonders der Bergsport. Dazu nahm ich Unterricht beim Universitätsfechtmeister im Säbelfechten. Häufig wurde ich am Semesterbeginn von Vertretern der verschiedensten Verbindungen besucht, die mich „krassen Fuchs" für ihre Verbindung haben wollten. Durch Bekannte wurde ich wiederholt zu Frühschoppen und Kneipenabenden ihrer Verbindungen eingeladen. Das Leben in den Verbindungen, die häufig über prachtvolle eigene Häuser verfügten, war erfrischend für mich. Buntes Band und bunte Mütze, das frohe Treiben und der Umgang mit den Alten Herren gefielen mir sehr gut, da ich für Romantik viel Verständnis hatte. Es bestand aber auch Zwang. Ich, der aus der Kleinstadt kam, stürzte mich in die mir gebotenen kulturellen Veranstaltungen – Theater, Konzerte und Vorträge. Von einzelnen Veranstaltungen konnte sich der Verbindungsstudent befreien lassen, aber an den offiziellen Abenden war das nicht möglich.

Die Trinksitten konnten für einen jungen Menschen gesundheitliche Folgen haben, die sich aber erst im späteren Leben ungünstig bemerkbar machen sollten. Stark missfiel mir, dass zwischen den einzelnen Verbindungen eine Kluft bestand, denn einige hielten sich für vornehmer als die anderen und für etwas Besonderes, dabei waren wir das alle. Nach reiflicher Überlegung entsagte ich daher allen romantischen Träumen und trat in keine Studentenverbindung ein. Ich hatte inzwischen einen schönen Freundeskreis gefunden, der Umgang mit diesem erschien mir sinnvoller.

München gab mir sehr viel. Dafür dankte ich der geliebten Stadt von Herzen. Als das Frühjahr kam, schlug aber die Abschiedsstunde. Vom dritten Semester an studierte ich wieder in Leipzig. Der Besuch einer weiteren Universität schien mir nicht ratsam, da nur noch in Leipzig die Pandekten (Römisches Recht) von Prof. Mitteis gehalten und geprüft wurden. Also kehrte ich München schweren Herzens den Rücken und siedelte mich wieder im wohlvertrauten Leipzig an.

Die Zeit verging wie im Flug und bald schon musste ich mich auf die erste juristische Staatsprüfung vorbereiten. Vorsitzender der Prüfungskommission war Karl Binding, der mich als Rektor 1909 mit Handschlag als akademischen Bürger verpflichtet hatte, was den Druck auf mich vor dieser Prüfung eher noch erhöhte. Der Umfang des zu lernenden Stoffes war enorm und das Lernen der doch oft recht theoretischen Abhandlungen fiel mir manchmal schwer. Mit großer Erleichterung schloss ich diese Prüfungen ab und war ungeheuer froh, diese Hürde genommen zu haben.

Ich besuchte dann auch Vorlesungen anderer Fakultäten. Bei Prof. Lamprecht, einem sympathischen und geistvollen Mann mit lebhafter und anregender Vortragsweise, hörte ich Geschichte und Kulturgeschichte, bei Prof. Wundt Philosophie.

Zu meiner großen Freude bekam ich bald Gesellschaft in Leipzig. Nach Beendigung seiner Assistenzzeit studierte mein Bruder Erich in Leipzig Pharmazie und Chemie. Erst wohnten wir zusammen in meiner ersten Wohnung, nach den großen Ferien zog ich aber in die Elisenstraße und Erich in die Sophienstraße. Die beiden Wohnungen lagen nur eine Minute voneinander entfernt. Abends aßen wir gemeinsam bei mir. Sonntags waren wir meistens beisammen.

Ich war nun Referendar und im März 1913 erfolgte meine Übernahme in den juristischen Vorbereitungsdienst beim Königlichen Amtsgericht Treuen, unweit von Auerbach, sodass ich an den Wochenenden stets der alten Heimat einen Besuch abstatten konnte. Die kleine Stadt und einige ihrer Bewohner kannte ich von meiner Jugend an. Einer von ihnen war der Hofrat Opitz, dem das Rittergut gehörte. Ich kam wiederholt mit diesem klugen Mann zusammen. Er war kinderlos und pflegte in freien Stunden seine kranke Frau mit großer Liebe. Um ihr Arbeit zu ersparen, ließ er trotz des Rittergutshaushaltes das Mittagessen ziemlich weit aus einer Gaststätte holen. Seine Frau war eine große Katzenfreundin. An die vierzig Tiere strichen durch den großen Garten und das Haus. So nett die Tiere anzusehen waren – es roch im ganzen Haus ein wenig nach Tigerkäfig, überall fand man deren Hinterlassenschaften. Als großer Hundeliebhaber fehlte mir aber auch ein wenig das Verständnis für diese Tierart, die oft mit einem lebenden Vogel oder einer Maus ihre Besitzer erfreuen wollte. Die Katzen ließen sich schließlich auch nicht vertreiben, als einmal der König mit seinem Gefolge Manövergast im Rittergut war.

An jedem Dienstagabend spielten zwei fast achtzigjährige Herren, der Gerichtsassessor und ich im Deutschen Haus Doppelkopf. Für mich waren die ersten Abende eine Qual, da ich niemals zuvor Doppelkopf gespielt hatte. Der Assessor verstand das nicht, und wenn ich begeistert von meinen Theaterbesuchen, vor allem von Wagneropern, erzählte, schüttelte er den Kopf und fragte mich, was ich eigentlich als Student getrieben hätte. Er schien mich nicht für recht brauchbar zu halten. „Heinrich, genannt Tannhäuser, lebt als Geliebter der Venus im Innern des Venusbergs. Nun ist er dem Leben der freien Liebe im Venusberg überdrüssig geworden", schilderte ich wild gestikulierend den Herren lebhaft die Geschichte meines letzten Besuchs. „Hultsch, Sie müssen endlich bedienen", raunzte der Assesor, verdrehte dabei die Augen und schaute angestrengt in sein Blatt, ohne sich ablenken zu lassen. Ich lernte also wohl oder übel Doppelkopf und spiele es auch heute noch sehr gerne – wenn ich muss.

Dann trat ein Ereignis ein, dessen Horror die Gemüter der Bevölkerung lange bewegen sollte. Ein junges und braves Mädchen war in den Mittagsstunden im Wald auf dem Heimweg ermordet worden. Der Amtsgerichtsrat nahm mich zur Besichtigung des Tatorts mit. Ich saß als Protokollführer dabei und nahm auch an der Sektion der Toten teil. Es war die erste Sektion, die ich sah. Ein scharfer Märzwind pfiff über den hochgelegenen Friedhof. Es war bitterkalt. Durch Rauchen vertrieb ich meine aufkommende Übelkeit, was ich mir auch für spätere Fälle aneignete. Der Friedhof war umsäumt mit einer gaffenden Menge. Trotz aller Bemühungen von Gericht, Staatsanwaltschaft und Gendarmerie wurde der Mörder nie gefunden. Den Hinweisen zufolge musste es ein Einheimischer gewesen sein, der die Gepflogenheiten des bedauernswerten Mädchens genau gekannt hatte.

Im Oktober 1913 wurde ich auf meinen Wunsch an das heimatliche Amtsgericht Auerbach versetzt. Dort war es weit angenehmer als in Treuen, sowohl in dienstlicher als auch menschlicher Hinsicht. Das war nicht verwunderlich, schließlich kannte ich den Amtsgerichtsdirektor und seine Frau gut, ebenso die übrigen Juristen und einen großen Teil der Beamtenschaft. Dazu kam, dass ich mit vielen Menschen aller Schichten bekannt war und mich durch meine vogtländische Mundart leicht einzufühlen vermochte. So lebte ich mich schnell ein. Sonnabendnachmittag pflegten die unverheirateten Juristen gemeinsame Spaziergänge zu machen, einmal wöchentlich saßen wir abends zusammen. Es war eine schöne, arglose Zeit.

Das Jahr 1914 stieg herauf. Wir konnten nicht ahnen, was es uns bringen würde. Wir wussten nicht, dass eine andere Zeit kommen sollte, dass ein Krieg unsere Erde erschüttern und unserem geliebten Vaterland schwerstes Leid zufügen würde.

Der Erste Weltkrieg
1914–1918

In den großen Ferien 1914 waren Vater und ich in Tirol. Von Sterzing wanderten wir über den Jaufenpass nach St. Leonhard im Passeiertal. Dort fanden wir eine gute Unterkunft. Gegen Abend saßen in der Gaststube vier interessante Männer beisammen: ein älterer Herr mit Spitzbart, der Bezirksrichter des Passeiertals, ein Ingenieur, der Erbauer der Jaufenpassstraße, ein junger Deutschordenspriester mit einem großen geschlitzten weißen Ordenskreuz auf seinem schwarzen Rock und als viertes ein hiesiger Bauer in der farbenfrohen Sonntagstracht der Passeier. Er war ein Salthofbauer. Salthöfe waren im Mittelalter vom Kaiser solchen Bauern verliehen worden, die sich durch tapferes Verhalten ausgezeichnet hatten. Sie waren nicht zinspflichtig, auch vom Heeresdienst befreit und standen zwischen Bauer und Ritter. Diese Tischrunde gab ein wirklich schönes Bild ab und hätte Defregger oder Leibl zu einem Gemälde anregen können. Mit Dr. Delago, dem Landgerichtsrat, kamen wir später ins Gespräch, er erzählte uns von Land und Leuten, von der österreichischen Justiz und dem Leben in Tirol. Stolz erzählte er von seinem 16-jährigen Jungen, der einmal einen verunglückten Bergführer von einem Gipfel auf den Schultern herabgetragen hatte.

In diesen heißen Julitagen wetterleuchtete es am politischen Horizont. Seit der am 28. Juni in Sarajewo geschehenen Ermordung des österreichischen Thronfolgers und seiner Gemahlin war die Welt in Erregung. Einige österreichische Minister brachen ihren Urlaub ab und kehrten nach Wien zurück.

Der deutsche Kaiser befand sich auf seiner jährlichen Nord-landreise, um der Welt zu zeigen, dass die politische Lage von Deutschland als ruhig angesehen werden konnte. Uns bewegte die Frage: Kommt der Krieg oder lässt er sich noch vermeiden?

Erich hatte inzwischen in Leipzig die Staatsprüfung be-standen, sodass Vater und ich erfreut zu einem Besuch bei ihm aufbrachen.

Am 30. Juli herrschte eine eigenartige Naturstimmung. Nach einem sonnigen und windstillen Tag ging die Sonne in der Nähe des Völkerschlachtdenkmals blutrot unter. Die Landschaft war wie in Blut gegossen. So etwas habe ich seitdem nie wieder beobachtet. Eine Ahnung kam über uns, als ob uns Schweres bevorstehen würde. Dieses Gefühl ließ sich nicht mit Worten beschreiben.

Ich werde diesen Tag für immer in Erinnerung behalten. Erich, Vater und ich standen am Fuße des Denkmals und blickten nachdenklich in den Himmel. Ganz plötzlich stand mein Schulfreund Ernst Ott vor mir. Was für eine Überra-schung! Wir freuten uns alle über dieses unverhoffte Wie-dersehen und redeten angeregt über dies und das. Lange schüttelten wir uns beim Abschied die Hände – es war ein Abschied für immer. Nach dem Krieg würde ich auf dem Friedhof in Schönheide an seinem Grab stehen.

Deutschland verfolgte 1914 keine eigenen Kriegsziele. Es hatte allerdings durch Kaiser Wilhelms II. bedingungslose Rückendeckung für Österreich zum Kriegsausbruch beige-tragen. Russland hingegen setzte auf Krieg. Innerstaatliche Probleme und die Chance, bei einem Sieg Zugang zum Mit-telmeer zu gewinnen sowie ein mögliches Patronat über alle Slawenvölker, verleiteten die Russen dazu, mobil zu machen. Frankreichs Kriegsziel stand seit 1871 fest: die

Rückeroberung von Elsass-Lothringen. England drängte nicht offiziell zum Krieg, doch Teile der Presse, der Geschäftswelt und des Militärs hatten oft zum Waffengang mit Deutschland aufgerufen.

So notierte der amerikanische Generalkonsul Gaffney in einer Rückschau auf seine Aufenthalte in Großbritannien vor Ausbruch des Krieges Folgendes:

„Bei meinen jährlichen Besuchen stellte ich erstaunt und amüsiert fest, wie die Feindschaft gegen Deutschland wuchs. Meine englischen Freunde zögerten nicht, mir mit völliger Offenheit und der üblichen englischen Anmaßung zu erklären, dass es nötig sei, Deutschland zu zerstören – oder Großbritannien würde seine wirtschaftliche Vormachtstellung auf den Weltmärkten verlieren."

Über Zeitungen und Plakate wurde bekannt gegeben, dass der Krieg ausgebrochen war. Der 2. August wurde als erster Mobilmachungstag bestimmt. Die Menschen machten keinen wesentlich anderen Eindruck als an den sonstigen Arbeitstagen. Die Stimmung in allen Kreisen war ernst gefasst und durchaus patriotisch-zuversichtlich bis in die Kreise der Arbeiterschaft hinein. Die Überzeugung, dass jetzt die freudige Hingabe an die Verteidigung und die Interessen des Vaterlandes alleinige Pflicht sei, sprach aus den bürgerlichen Blättern aller Parteien. Auch daheim in Auerbach strömten die Reservisten zu ihren Fahnen. In der Bahn und allen Orten herrschte größte Begeisterung für unsere Sache. Aller Zwist, alles Trennende war vergessen. Das deutsche Volk war eine einzige Gemeinschaft geworden.

Der Traum mancher Optimisten, dass Weihnachten 1914 der Krieg zu Ende sein würde, sollte leider nicht in Erfüllung gehen.

Im Dienst türmte sich für mich die Arbeit, weil ich viele Juristen, die als Reserveoffiziere eingerückt waren, vertreten musste. Der mir verliehene erweiterte Richtereid, zugleich die Amtsanwaltschaft und obendrein noch das Amt eines Friedensrichters überlasteten mich. Zu allem Überfluss arbeitete ich auch noch an meiner Doktorarbeit auf dem Gebiet des bürgerlichen Rechts – die Herausgabepflicht des unentgeltlichen Erwerbers nach § 822 BGB. Ich kam kaum zum Schlafen oder Essen. Die ganze Zeit über fragte ich mich, ob ich das Richtige tat, ob ich an der Front nicht mehr gebraucht wurde als im Büro.

So kam das Frühjahr 1915 heran. Ich konnte meinen Wunsch, Soldat zu werden, nicht länger zähmen. Somit bat ich das Justizministerium um Entlassung aus dem Vorbereitungsdienst, sehr zum Ärger meines Gerichtsvorstandes. Mir war klar, was ich im Begriff war aufzugeben. Aber in jedem vaterländisch gesinnten jungen Mann lebte einzig der Wille, dem Vaterland in seiner höchsten Not mit der Waffe zu dienen.

Am 16. Juni 1915 schlug die Abschiedsstunde. Mit klingendem Spiel im blauen Zivilanzug und mit einem Koffer in der Hand marschierte ich mit meinen Kameraden, von Soldaten begleitet, zum Bahnhof. Mutter hatte mir noch eine Tüte mit Apfelsinen eingepackt. Begleitung durch die Meinigen hatte ich abgelehnt, ich wollte die Qual des Abschieds nicht verlängern. Als der Zug nach zwei Stunden Fahrt in Meißen eintraf, sagte mein vogtländischer Kamerad Kahle erstaunt: „Da sicht mer erscht, wie groß die Welt is."
Im Laufe der Fahrt erfuhren wir, dass Graudenz in Westpreußen unsere Garnison sein würde. Wir waren für das Landwehr-Infanterie-Regiment Nr. 101 bestimmt, das später zur Brigade Graf Pfeil gehören sollte.

Nach mehrtägiger Fahrt überquerten wir die Weichsel. Graudenz war erreicht. Wir wurden eingekleidet. Ich war nun ein Soldat.

Mit meinen aus allen Schichten stammenden Kameraden – sogar ein Landstreicher war dabei – verstand ich mich ausgezeichnet und an den militärischen Dienst gewöhnte ich mich schnell. Die Übungsmärsche überstand ich mühelos. Die ausgedehnten Wanderungen auf unseren Reisen mit der Familie waren eine gute Übung gewesen.

Meißen gefiel mir gut. Ich besuchte die Stadt regelmäßig nach Dienstschluss, und wenn wir morgens aufstanden und die aufgehende Sonne die alte Festung Courbière mit rotgoldenem Licht überflutete, konnte ich mich an dem herrlichen Bild gar nicht sattsehen. Auf der Festung hatte Fritz Reuter eine Zeit lang in Festungshaft gesessen und sein Zimmer konnte man immer noch besichtigen. Der breite Weichselstrom, die Umgebung der Stadt und die westpreußische Bevölkerung weckten mein Interesse.

Nach der Ausbildung wurde ich zur Teilnahme an einem Gruppenführerlehrgang in die 2. Feldkompanie versetzt. Dort lernte ich Dr. Horst Göllnitz kennen, mit dem ich für die gesamte Dauer des Krieges kameradschaftlich verbunden bleiben sollte.

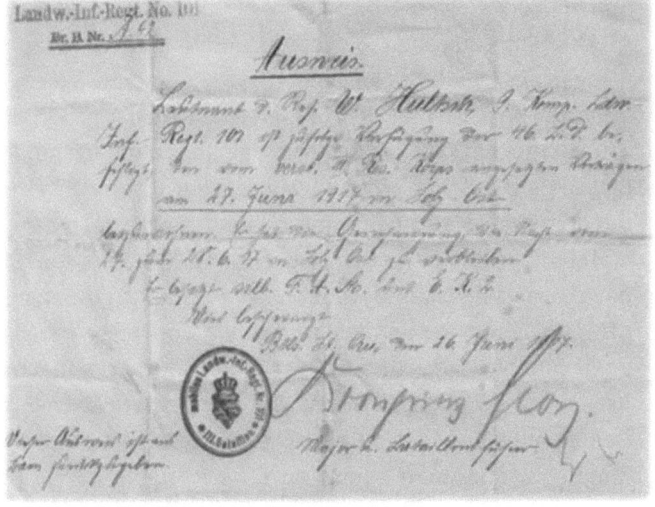

Passierschein von Walther Hultsch, unterschrieben von
Kronprinz Georg von Sachsen

In meinen wenigen freien Stunden verbesserte ich meine Doktorarbeit, die angenommen worden war. Ende Oktober erhielt ich vom Dekan der juristischen Fakultät die Mitteilung, dass ich zum Dr. iuris utriusque promoviert wurde. Große Freude bereitete mir ein Besuch meiner Eltern und Marthel, die den langen Weg über Posen in Kauf genommen hatten, um mich zu besuchen. Sie blieben einige Tage, sodass ich sie ein paar Mal sehen konnte.

Unser Wunsch, Weihnachten daheim zu verbringen, ging leider aus eisenbahntechnischen Gründen nicht in Erfüllung. So verbrachten wir das Fest im Kreis unserer Kameraden. Es war das erste Weihnachtsfest, an dem ich von meinen Lieben getrennt war. Ich gedachte ihrer und erfreute mich an den vielen Geschenken, die ich bekommen hatte.

Das Jahr 1916 war für uns von großer Bedeutung, denn es ging gegen den Feind. Die Brigade Pfeil hatte in Russland unvergänglichen Ruhm geerntet, besonders bei dem Sturm auf die Festung Nowogeorgiewsk (Modlin). Vom 4. bis zum 19. August 1915 hatte das Heer des Deutschen Reiches die Festung belagert. „Da die russische Festung in relativ kurzer Zeit gefallen war, geriet der größte Teil der russischen Besatzung in deutsche Kriegsgefangenschaft. Außerdem fielen eine große Anzahl Geschütze und umfangreiche Vorräte an Munition und Lebensmitteln in die Hände der Sieger. Strategisch hatte der Sieg insofern Auswirkungen, als die Wasserstraßen der Weichsel und des Narew nun für die deutsche Militärführung nutzbar wurden, ferner auch die wichtige Eisenbahnstrecke Mława-Warschau. Die Truppen der deutschen Armeegruppe wurden nun zu anderer Verwendung frei, während das russische Heer beträchtliche Verluste erlitten hatte."[7]

Am 2. Januar marschierten wir neuen Soldaten mit Blumen geschmückt zum Bahnhof. Wir waren etwa 400 Mann, die ins Feld kamen. Bald hatten wir die russische Grenze in Wirballen überschritten, über Kowno erreichten wir Wilna. Unterwegs begegneten wir unserem Generalfeldmarschall von Hindenburg.

An einem Abend trafen wir in Soly ein. Die Nacht verbrachten wir in einer Baracke auf dem blanken Boden. In Schnee und Schlamm marschierten wir am nächsten Tag unter großen Anstrengungen etwa 18 Kilometer weit. Im Brigadestabsquartier in der zerschossenen Mühle von Swetliany begrüßte uns unser Brigadekommandeur Oberst Graf Pfeil. Unterkunft bezogen wir in Rybaki, einem von seinen Einwohnern verlassenen Dorf an der Wilija. Auf dem Stroh schliefen wir recht gut, aber draußen war es bitterkalt. Ich hatte eine Rasur dringend nötig, aber Wasser gab es keins und der Fluss war zugefroren. Mir blieb nichts anderes übrig, als ein Loch ins Eis zu schlagen. Nachmittags rückten wir in den Schützengraben der 10. Kompanie. Der Kompanieführer war Hauptmann d. R. Dr. Schmidt, Amtsgerichtsrat aus Meißen, der uns gemeinsam mit Zugführer Dr. Kelle mit herzlichen Worten empfing. Mit Studienrat Kelle aus Dresden sollte mich später eine kameradschaftliche Freundschaft verbinden.

Ich wurde der 1. Gruppe des 2. Zuges zugeteilt, die ich nach kurzer Zeit anführte. An das Leben im engen Unter-

---

[7] Wikipedia: Belagerung von Nowogeorgiewsk.

stand gewöhnte ich mich schnell und mit meinen Kameraden kam ich gut aus. Niemals gab es zwischen uns Streit.
Aber die neuen Eindrücke ließen mich nicht kalt: das Gra-
bensystem, das Postenstehen im Graben an der Haupt-
kampflinie und im Horchposten, 200 Meter vom Feind entfernt. Dazu das Aufleuchten der nächtlichen Leuchtkugeln,
der Beschuss durch feindliche Artillerie, Minen, Gewehr-
granaten, Maschinengewehre und Infanteriegeschütze, deren Querschläger mir heute noch in den Ohren summen.

Bald lernte ich die feindlichen von den eigenen schweren
Waffen zu unterscheiden und konnte identifizieren, welche
feindliche Batterie gerade geschossen hatte. Und schon
bald sah ich auch die ersten toten Kameraden.

Ich gewöhnte mich an den Krieg. Mir blieb nichts anderes
übrig – ich musste mich an ihn gewöhnen. Aber es wollte
mir nicht in den Kopf gehen, warum unbekannte Menschen, die sich niemals etwas zuleide getan hatten, aufei-
nander schossen. Was kostete uns der Krieg? Wie viele Tränen hätten getrocknet werden können, wenn die ungeheu-
ren Kriegskosten aller beteiligten Länder zur Linderung
von Krankheit und Not verwendet worden wären? Welche
Werte wurden vernichtet? Vor allem: Wie viele wertvolle
Menschen gingen schuldlos zugrunde?
Das Leben im Lager war hart. Um unser Essen möglichst
schnell in den Unterstand zu bringen, gingen wir nachts mit
dem Kochgeschirr in den Händen über das freie Feld zur
Reservestellung, wo sich die Feldküche befand. Auf dem
Rückweg stürzte ich wiederholt in Granatlöcher, wodurch
vom Essen nicht mehr viel übrig blieb.

Allmählich wurde ich zum Naturmenschen: Waschen und
Rasieren wurden zur Seltenheit, Entlausungen hingegen

zur täglichen Routine. Als Waschschüssel diente eine leere Konservendose.

Mit meinen Eltern und meiner Schwester Marthel hatte ich vereinbart, jeden Abend um 22 Uhr zum Sternbild des Orion hinaufzublicken. Daheim sandten meine Lieben zur gleichen Zeit beim Anblick der Konstellation ihre Grüße an mich. So begegneten sich unsere Wünsche für ein glückliches Wiedersehen irgendwo da oben zwischen den Sternen. Noch heute sehe ich gerne gen Himmel und denke an meine Lieben.

Die Kampfhandlungen nahmen stetig zu, sogar trotz schwerer Schneestürme. Ich sah nur wenig, zumal der raue Ostwind direkt in mein Gesicht peitschte und meine Brille dabei vereiste. In Schneehemden gekleidet, griffen uns die Russen häufig an. Die Kompanie lag meist vier Tage im Graben, dann vier Tage im Reservelager und anschließend wieder vier Tage im Graben.

Zu schaffen machte uns das Tauwetter, das den Schützengraben stellenweise regelrecht unter Wasser setzte. Bei Tage mussten wir über das freie Feld, was uns viele Verluste bescherte. Schon einige Wochen zuvor hatten wir durch einen Zufall festgestellt, dass der Feind Minenstollen gegen uns vorantrieb. Mit größter Eile wurden Gegenmaßnahmen getroffen, denn die Russen hatten sich mit den Stollen bereits gefährlich nah an unsere Stellung herangearbeitet. Die Abwehrkämpfe dauerten mehrere Tage. Unsere 10. Kompanie trat sofort zum Gegenstoß an und rollte den völlig zerstörten Graben auf. Bei der Besetzung der vor uns liegenden Trichter erlitten wir schwere Verluste. Viele gute Kameraden fielen. Wie durch ein Wunder blieb ich unverletzt, obwohl direkt neben mir schwere Granaten einschlugen.

Die Hölle war nun losgebrochen. Leichenteile von Gefallenen ragten nahezu überall aus der Erde. Für mich besonders schwer zu ertragen, war der Verwesungsgeruch in der Sonnenglut. Ich vermochte dadurch nichts zu mir zu nehmen. Die entsetzlichen Eindrücke wurde ich lange nicht los.

Inzwischen zu Unteroffizieren befördert, erfolgte unsere Befehligung zur Teilnahme am Offiziersanwärter-Lehrgang in Döberitz bei Berlin. Ich kann die Erleichterung kaum beschreiben, die mich ergriff, als ich erfuhr, dass ich diese Hölle auf Erden verlassen konnte. Beim Abschied erhielten wir die Friedrich-August-Medaille in Silber. Ein schwacher Trost für das Erlebte. Zunächst aber fuhren wir nach Graudenz, wo wir eingekleidet wurden und unseren ersten Heimaturlaub gewährt bekamen. Die Dankbarkeit war gewaltig: Endlich würde ich meine Heimat wiedersehen und meine Lieben.

Welche Gegensätze zum Krieg! Wie groß war die Freude, durch das sommerliche Deutschland zu fahren, mit seinen gut bebauten Feldern, Menschen in Zivil, Städten und Dörfern mit sauberen Bewohnern. Eltern und Geschwister überboten sich in ihrer Liebe zu mir. Im Felde hatte ich täglich nach Hause geschrieben. Täglich hatten auch meine Mutter und Marthel Post an mich geschickt, mit Schlussworten des Vaters. Während der gesamten Kriegsdauer erhielt ich allein etwa 2.300 Päckchen von zu Hause.

Der schöne Urlaub verging viel zu schnell. Danach rückten wir in Döberitz ein. Das scharfe Exerzieren und die straffe Disziplin während des Lehrgangs waren nicht leicht zu ertragen, ich gewöhnte mich aber recht schnell daran.

Im Herbst fuhr ich einmal über einen Sonntag nach Auerbach. Infolge von Zugverspätungen kam ich aber erst nachts gegen 02.30 Uhr im Elternhaus an. Meine Eltern und

Marthel waren für mich lange wach geblieben. Mein Vater stand gegen 03.30 Uhr wieder auf und fuhr nach Dresden, um sich in einer Audienz im Schloss bei König Friedrich August für die Verleihung des Ritterkreuzes 2. Klasse vom Verdienstorden zu bedanken. Als der König erfuhr, dass ich gerade auf Urlaub zu Hause war, sprach er sein Bedauern aus, dass Vater nun nicht mit mir zusammen sein konnte.

Weder Thron noch Reichtum erschienen diesem König erstrebenswert. Er legte keinen Wert auf Privilegien und machte kein Aufsehen um seine Person, was seine ungewöhnliche Popularität begründete. Friedrich August vermittelte das Bild eines warmherzigen, liebenswürdigen, kontaktfreudigen, persönlich völlig anspruchslosen Mannes von äußerer Schlichtheit und Bescheidenheit. Seine öffentlichen Auftritte waren weder pompös, inszeniert noch glamourös. Seine Beisetzung 1932 sollten Hunderttausende begleiten; dem Ehrenbataillon würde an diesem Tag Oberstleutnant Friedrich Olbricht vorstehen.

Würde uns 1917 den Frieden bringen? Das war die Frage, die wir uns alle stellten. An den Fronten stand es günstig. Überall waren die Deutschen ins Feindesland vorgedrungen. Unsere Ausbildung in Döberitz näherte sich dem Ende. Zurück bei unserem Bataillon in Graudenz war der Dienst recht angenehm. Nach kurzer Zeit wurden wir jedoch wieder zurück in unser Regiment an die Front versetzt.

Ich erhielt das Eiserne Kreuz und wurde zum Leutnant d. R. befördert. Diese Aufgabe nahm ich sehr ernst und war stets bestrebt, mit den mir anvertrauten Männern gute Kameradschaft zu pflegen. Die meisten von ihnen waren älter als ich. Wir Offiziere der Kompanie aßen immer dasselbe wie die Mannschaften, um ihnen zu zeigen, dass wir alle im selben Boot saßen. Willig folgten sie ihren Vorgesetzten.

Grundlagen für den Geist im Heer und um die Moral hochzuhalten, waren die vier U, wie ich sie nannte: Unparteilichkeit (Gerechtigkeit), Unterhalt (Verpflegung), Unterkunft und Urlaub. Wurden sie eingehalten, war es gut bestellt um die Stimmung in der Truppe.

Von Mai bis Juli 1917 führte unser Kronprinz Georg von Sachsen unser Bataillon an. Der Kronprinz war mir gleich bei meiner ersten Meldung bei ihm besonders sympathisch. Ich begleitete ihn und den Grafen Vitzthum vom Stabsquartier bis in die Nähe meines Unterstandes. Der Kronprinz hatte das Gespräch auf Bücher und Dichter gebracht, die ich besonders liebte.

Zu meiner großen Überraschung stand am nächsten Morgen sein Diener, ein langer Leibgrenadier, vor mir, im Gepäck eine größere Anzahl von Büchern. Der Kronprinz hatte sie extra für mich aus der Brigadebücherei besorgen lassen. Ich war gerührt von dieser Geste. Auch bei einem Kompaniefest und einer Kaffeeeinladung bei ihm, ferner bei dienstlichem Zusammensein, war er stets ein liebenswerter, für alles Schöne zu begeisternder, vornehmer und bescheidener Mensch. Im Dienst war er ein tüchtiger und eifriger Soldat. Er war tapfer und schonte sich nicht. Besonders auf das körperliche Wohl und die geistigen Bedürfnisse seiner Soldaten war er sehr bedacht und für ein offenes Wort stets empfänglich. Mit großem Eifer bereitete er sich auf seine Aufgabe vor, den Thron zu besteigen. Georgs Position als Bataillonsführer bedeutete für das sächsische Königshaus allerdings ein beträchtliches Risiko. Bei den Kämpfen geriet er mehrmals unter Beschuss. Das Schicksal hatte jedoch andere Pläne mit ihm.

An einem schönen Sommertag besuchte unser König den Kronprinzen und ließ sich dabei sein Bataillon vorstellen.

Mich fragte er beim Abschreiten der Front nach Namen, Geburtsort und Beruf. Mit stolzgeschwellter Brust gab ich Auskunft – nun war mein Vater nicht mehr der Einzige in der Familie, der königliche Aufmerksamkeit genoss.

Das weit verbreitete Gerücht, der König habe bei seinem Thronverzicht gesagt: „Macht euern Dregg alleene!", ist unwahr, wie mir seine Söhne versicherten.

Zu seinem Tode erwiesen die Stadt Dresden und sein Volk dem König die letzte Ehre mit trauerndem Herzen. Den Trauerzug eröffnete die Wehrmacht; hinter der Lafette mit dem Sarg schritten die Söhne des Königs und viele deutsche Fürsten. Angeblich säumten über 500.000 Menschen die Straßen, um von ihrem geliebten König Abschied zu nehmen. Alle Dresdner Glocken läuteten, als der Zug auf dem alten Königsweg der Hofkirche zuging.

Am nächsten Tag besuchte ich den toten König. Die Kirche musste noch bis spät in die Nacht geöffnet bleiben, da Tausende Einlass begehrten. Auf Wunsch des Königs durfte die Trauerrede des Prälaten Müller nur zehn Minuten dauern. Ein Zeichen der Bescheidenheit des Entschlafenen, der sich ein Denkmal im Herzen des Volkes gesetzt hatte.

Als Kronprinz Georg sich im Juli 1917 infolge anderer Verpflichtungen von unserem Bataillon verabschiedete, überreichte er jedem Offizier ein Bild von sich selbst mit eigenhändiger Widmung. Nach dem Ersten Weltkrieg sollte er mir noch häufiger begegnen.

Kronprinz Georgs Lebensweg entwickelte sich ganz anders, als er vorgesehen hatte. Einige Jahre nach dem Krieg wurde er Priester, was ihm von nationalsozialistischer Seite übelgenommen wurde. Aber wer ihn näher kannte, vermochte seinen Schritt zu verstehen. Seine Hoffnung, König zu werden, hatte sich nicht erfüllt.

Er war ein gläubiger Katholik und uns Protestanten gegenüber besonders taktvoll. Im Juni 1933 traf ich ihn in Marienstern bei Kamenz zufällig wieder. Unter welchen Verdächtigungen er zu leiden hatte, brachte unser letztes Zusammensein im September 1939 eindrücklich ans Licht. Diesem Treffen wohnte auch der jüngste Bruder des früheren Kronprinzen, Prinz Ernst Heinrich, bei, der damals Schlossherr in Moritzburg war. Unser kurzes Zusammensein in aller Öffentlichkeit, bei dem lediglich harmlose Gespräche stattfanden, wurde der Geheimen Staatspolizei gemeldet und von ihr sofort dem Oberkommando der Wehrmacht berichtet. Man unterstellte uns vatikanische Bestrebungen. Ich konnte diese Verdächtigung ehrlich zurückweisen, aber genutzt hat es im Endeffekt nichts, denn auch ich war politisch verdächtig.

Über Georg ließe sich noch so manches berichten. Er war ein guter, aufrechter Mann und hatte das, was ihm später widerfuhr, mit Sicherheit nicht verdient. Den Zweiten Weltkrieg überlebte er nicht, was ich zutiefst bedauerte. Er fand sein Ende unter mysteriösen Umständen: „Pater Georg S. J. stand von Anfang an dem Nationalsozialismus ablehnend gegenüber. Er verhalf Juden zur Ausreise, versteckte Oppositionelle und hatte auffällig viel Kontakte zu Männern wie General Olbricht, Botschafter Ulrich von Hassel und General Paul von Hase. Sie wurden alle nach dem 20. Juli 1944 hingerichtet. Sein Freund, Herzog Georg von Mecklenburg, kam 1944 in das KZ Sachsenhausen und wurde kurz vor dem Kriegsende frei gelassen. Die Frau von Generaloberst Halder, der bei Hitler in Ungnade gefallen war, war Beichtkind von Pater Georgs S. J. Es ist deshalb nicht verwunderlich, dass er unter scharfer Bewachung der Gestapo stand, so wurde seine Ordenswohnung mehrfach durchsucht. Am 14. Mai 1943 fuhr Pater Georg S. J. an den Groß Glienicker See, um zu baden. Er war ein guter Schwimmer. Augenzeugen hörten Hilferufe, aber keiner war da, ihn zu retten. Seine Leiche wurde erst drei Wochen später geborgen. Die Obduktion ergab, Pater Georg war an Herzversagen gestorben. Sein Bruder Ernst Heinrich Prinz von Sachsen bezweifelte auf dem Hintergrund seiner eigenen bösen Erfahrungen mit den Nationalsozialisten öffentlich einen natürlichen Unfall-Tod und sprach von einem verborgenen Mord. Am Groß Glienicker See sind am Unfall-Tag auffällig viele Gestapo-Männer gesehen worden. Seitdem ist diese Vermutung nicht verstummt.“[8]

Im Sommer 1917 nahm ich an einem Lehrgang in Wilna teil, der schönen Stadt an der Wilija. Aber der Sommer ging rasch in den Herbst über. Der vierte Kriegswinter stand bevor und die Kälte traf uns hart. Viele Kameraden mussten wir auf den Kriegerfriedhöfen vor Smorgon zurücklassen.

An Weihnachten 1917 lag ich im tiefen Schnee mit meiner Kompanie im Schützengraben in einer Waldstellung vor Kosenenta, über mir der funkelnde Sternenhimmel. Es herrschte tiefe Stille, nur der Schnee knirschte bei jedem Schritt unter den Sohlen. Am Heiligen Abend ging ich unter hohen Kiefern die Posten ab und überbrachte ihnen meine Weihnachtswünsche. Voll Wehmut dachte ich an meine Eltern und Geschwister, an Heimat und Vaterland.

---

[8] https://www.sachsenlese.de/streifzuege/geschichtliches/
pater-georg-von-sachsen-sj

Schnell kam das Jahr 1918. Am Verhalten des Feindes spürten wir, dass die kurz zuvor in Russland ausgebrochene Revolution seine Widerstandskraft lähmte. Wir drangen bis zum Dnjepr vor; ich führte meine Kompanie in den Raum nördlich von Minsk. Hatten wir bis 1918 nur in Gräben und Waldlagern gehaust, so lebten wir nun mitten unter der russischen Bevölkerung.

Die Feindpropaganda von abgehackten Händen und anderen Untaten hatte auch hier ihre Saat gesät. Misstrauisch wurden wir zunächst beäugt, Unterstützung nur widerwillig gewährt. Die gastfreundlichen und zutraulichen Russen verloren aber bald ihre Furcht vor uns, als sie sahen, dass wir ganz anders waren, als die Propaganda uns geschildert hatte.

Im Herbst räumten wir das Gebiet ostwärts von Minsk infolge einer Vereinbarung mit der Sowjetregierung. In Minsk nahm ich an einer Parade unseres Oberbefehlshabers Generalfeldmarschall Prinz Leopold von Bayern teil. Beim Abgehen der Front berührte er mit seinem Marschallstab meine Kriegsauszeichnungen, zu denen auch das Ritterkreuz 2. Klasse mit Schwertern vom Sächsischen Albrechtsorden gehörte, und fragte mich nach Namen und Art.

Kurz darauf erkrankte ich an der Ruhr und musste wiederholt die Latrine aufsuchen. Bei einem dieser Besuche hatte ich plötzlich ein mulmiges Gefühl und verließ daraufhin sofort die Örtlichkeit. Kaum hatte ich das Häuschen verlassen, schlug eine Granate ein und verursachte eine gewaltige Explosion, die nicht mehr viel übrigließ. Ich starrte fassungslos auf die Trümmer, in deren Mitte ich mich nur Augenblicke zuvor befunden hatte. War es göttliche Fügung oder pures Glück, das mich zum Gehen veranlasst hatte? Ich weiß es nicht, aber ich bin jeden Tag dankbar dafür.

Etwa am 12. November kam dann die furchtbare Nachricht: In der Heimat herrschte Revolution. In mir brach eine Welt zusammen. Ich konnte einfach nicht fassen, dass wir kein Kaiserreich und kein Königreich mehr hatten. Ich wollte nicht wahrhaben, dass der Krieg nach Jahren größter Opfer verloren war.

Den „Vierzehn Punkten" des amerikanischen Präsidenten wurde Glauben geschenkt. Wilson sah die Forderungen nach Räumung besetzter Gebiete und die generelle Neuordnung Europas nach dem Prinzip des Selbstbestimmungsrechtes der Völker als primäres Ziel. Eine neue Verfassung sollte eingeführt und die Waffen sollten niedergelegt werden. Das deutsche Volk, ausgehungert und verblutet, konnte der Verlockung nicht widerstehen. Nach Niederlegung der Waffen stellten die Feinde härteste Waffenstillstandsbedingungen.

Geblieben war Generalfeldmarschall von Hindenburg, der vom größten Teil des Volkes verehrt wurde. Er führte uns auch in die Heimat zurück. Auf seinen Wunsch wurden Soldatenräte eingeführt. Aus revolutionär gesinnten Arbeitern und Soldaten zusammengesetzt, war deren Ziel, die politische Gewalt zu übernehmen. Bei meiner Kompanie geschah dies nur mit einem gewissen Widerwillen, obwohl sie zum größten Teil aus Sozialdemokraten bestand. Unser kameradschaftlicher Frontgeist bedurfte keiner Soldatenräte.

Am 16. November wurde ich nachts alarmiert, weil eine preußische Maschinengewehrkompanie gemeutert hatte. Dazu hatten sie ihre Offiziere gefangen genommen und sich mit aufrührerischen Bauern unter bolschewistischer Führung verbrüdert. Wir marschierten nachts noch nach

Minsk ab. Dort sah ich zum ersten Mal deutsche revolutionäre Soldaten mit roter Kokarde und roter Armbinde, die nicht grüßten. Ein mulmiges Gefühl machte sich in mir breit, eine Art düstere Vorahnung. Ein Leutnant ohne Schulterstücke und Ordensbänder mit einer roten Armbinde empfing uns. Ich war wie vom Schlag getroffen.

Abends erreichten wir Woloschin und Oboltzy. Ich ließ vor Ort die Kompanie in Stellung gehen. Es gab eine kurze Schießerei, aber glücklicherweise hatten wir keine Verluste zu verzeichnen. Es sollten die letzten Schüsse sein, die unser Regiment abgeben würde.

Im Schloss befreiten wir den Verwalter, seine Schwestern (Deutschbalten) und fünf deutsche Offiziere. Nachmittags gelang uns durch eine List die Gefangennahme sämtlicher aufständischer Führer, die gut bewaffnet und mit Ausweisen aus Moskau ausgestattet waren. Unsere Regimentsgeschichte berichtete darüber in ihrem 3. Band auf Seite 88.

Auf dem Rückzug sahen wir trübe Bilder. In den Ställen wieherten verlassene Pferde, die tagelang nichts zu fressen bekommen hatten. In den Lazaretten lagen verstorbene Kameraden, die nicht zur letzten Ruhe gebettet werden konnten. Ich marschierte als Letzter in der Marschkolonne aus Wilna und ahnte nicht, dass ich im Zweiten Weltkrieg hierher zurückkehren würde.

Über Königsberg und Frankfurt/Oder zogen wir nach Meißen. Der Marsch verlief nicht ohne Schwierigkeiten: Weil die neue Regierung uns Frontsoldaten fürchtete, wurden wir um Berlin herumgeführt und demobilisiert. Ich nahm Abschied von vielen Kameraden, mit denen ich jahrelang an der Front gewesen war. Einige habe ich aber zu meiner großen Freude später wiedergesehen.

Es fühlte sich beinahe unwirklich an, als ich endlich auf dem unteren Bahnhof in Auerbach eintraf, wo meine Mutter mich schon sehnlichst erwartete und mich tief bewegt in ihre Arme schloss. Ich war zu Hause! In mancher Nacht an der Front hätte ich beinahe den Glauben daran verloren, dass dieser Tag kommen würde. Meine Eltern und Geschwister umsorgten mich fürsorglich und es kehrte so etwas wie Normalität in mein Leben zurück.

Nur die neuen politischen Verhältnisse hasste ich aus tiefster Seele. Ich war sehr reizbar und wurde schnell wütend. Alles, was mir heilig war, wurde in der Öffentlichkeit beschimpft, obwohl wir Frontsoldaten in der großen Mehrheit unsere Pflicht bis zum Letzten ausgeübt hatten. Der außenpolitische Druck lastete schwer auf allem.

Das geliebte Vaterland schien dem Untergang entgegenzugehen.

Schwere Jahre
1918–1933

Nach vielen Wochen voller innerer Unruhe raffte ich mich auf und bewarb mich zur weiteren Verwendung im Vorbereitungsdienst, um die zweite juristische Staatsprüfung abzulegen. Im März 1919 wurde ich für einige Monate dem Landgericht Zwickau zugewiesen. Im Sommer hatte ich den Vorbereitungsdienst bei einem Anwalt abzuleisten. Ich wählte die Kanzlei Hertel & Windisch in Dresden. Diese Rechtsanwälte nahmen niemals eine anrüchige Sache an und arbeiteten grundsätzlich nicht in Strafsachen.

Nach jahrelanger Frontsoldatenzeit fielen mir allerdings das Stillsitzen am Schreibtisch und die Beschäftigung mit geistigen Dingen immer noch sehr schwer. Dazu ließ mich die politisch bewegte Zeit nicht zur Ruhe kommen. Der sogenannte „Frieden von Versailles" traf jeden vaterländisch empfindenden Menschen bis ins Mark, so auch mich.

„In Versailles trafen 1919 die Außenminister der 27 Siegerstaaten zusammen, Volksvertreter Deutschlands wurden jedoch zu den Gesprächen nicht zugelassen. Verhandelt wurde einzig und allein über die Kriegsziele der Sieger, also über die Verteilung ihrer Beute. Deutschland musste schwer bluten. Weitere Opfer blieben uns dabei nur erspart, weil England einen zu großen Machtzuwachs Frankreichs zu verhindern wusste und weil US-Präsident Wilson die Gier der anderen Sieger bremste. Holland wurde das Emsland angeboten, doch die Niederländer, die am Krieg nicht teilgenommen hatten, blieben fair und lehnten ab.

Im Mai wurden die von den Siegern festgelegten Bedingungen erstmals der deutschen Delegation eröffnet. Dass

dieser Vertrag von Versailles diktiert war und nicht verhandelt wurde, blieb sein großer Makel. Elsass-Lothringen
fiel an Frankreich, die Provinzen Posen und fast ganz Westpreußen sowie das oberschlesische Industriegebiet an Polen, das Memelland an den Völkerbund, das Hultschiner
Ländchen an die Tschechoslowakei und Nordschleswig an
Dänemark. Mit dem Vertrag verlor Deutschland seine Ko-
lonien, die Hoheit über seine Binnenwasserstraßen und die
Lüfte. Die Streitkräfte wurden drastisch reduziert. U-Boote
und schwere Artillerie waren für Deutschland zukünftig
verboten, und eine 50 Kilometer breite Zone rechts des
Rheins wurde für das deutsche Militär gesperrt. Den größten Teil der Handelsflotte und der Goldreserven händigte
man an die Sieger aus, nebst einem Großteil der jährlichen
Kohleförderung und der Kalk-, Zement- und Benzinpro-
duktion. Landwirtschaftsmaschinen, Eisenbahnwaggons,
viele tausend Lokomotiven und Lastkraftwagen mussten
abgegeben werden. Das gesamte deutsche private Aus-
landsvermögen und unzählige Industriepatente wurden
konfisziert.

Im Deutschen Reich war man tief bestürzt und tief ent-
täuscht. Alle Staaten, die am Krieg teilgenommen hatten, –
außer Amerika – waren abgekämpft und hatten diesen
Frieden dringend nötig. Die Verluste bei den Gegnern waren immerhin ein Drittel höher als die eigenen. Deutsche
Truppen standen noch in Frankreich, und kein einziger
Franzose oder Brite war bis nach Deutschland vorgedrungen. Nur Deutschland hatte vor dem Waffenstillstand Vor-
leistungen für den Friedensschluss gebracht. Wir zogen die
Truppen zurück und begannen damit, sie aufzulösen.

US-Außenminister Lansing äußerte sich 1919 nach Abschluss dieses Vertrages mit folgenden Worten: „Wir haben

einen Friedensvertrag, aber er wird keinen dauerhaften Frieden bringen."[9]

Im Land herrschten Unruhe und Unsicherheit. Die staatliche Gewalt setzte sich nur schwer durch. In der Nationalversammlung in Weimar tobte der Parteienkampf. Kurz: Es waren düstere Zeiten.

Ende des Jahres gab es für mich wieder einen Lichtblick, denn ich bestand mein zweites juristisches Staatsexamen. Es war mein Weihnachtsgeschenk an meine Eltern.

Nun musste ich mich für einen Beruf entscheiden. Den mir angebotenen Eintritt in die Justiz lehnte ich aus persönlichen Gründen ab. Zu meinem Glück war ich mit dem Dresdener Polizeipräsidenten Dr. Grille bekannt und so erhielt ich durch dessen Vermittlung 1920 meine Einberufung ins Polizeipräsidium Dresden. Hier war ich für Theater-, Film- und Gewerbesachen, allgemeine Polizeisachen, Ausländer- und Passsachen und später für Spionageabwehr zuständig. Mitte der 1920er-Jahre sollte ich Leiter der Spionageabwehr in Sachsen werden.

Eine Wohnung fand ich bei dem Kunstmaler Prof. Ufer und seiner Frau im Haus Terrassenufer 27. Bei der Wahl des Zimmers war für mich ausschlaggebend gewesen, dass mein Vermieter Künstler war. Als Frau Ufer mir damals die Tür in einem grünen Krinolinenkleid öffnete, da sie ihrem Mann gerade Modell stand, war mir sofort klar, dass diese Umgebung für mich die richtige war. Vom ersten Tag an fühlte ich mich bei Ufers ausgesprochen wohl.

[9]
https://www.bpb.de/system/files/dokument_pdf/5725_tb 120_mahnmal_ww1_181018_online.pdf

Täglich genoss ich den wundervollen Blick von der Wohnung auf die berühmte Silhouette meines geliebten Dresdens. In der Stadt blühten das Leben und die Kultur. Meine ausgedehnten Spaziergänge führten mich vorbei am barocken Zwinger, dem Neumarkt, der Semperoper und der Hofkirche, manchmal wagte ich mich aber auch weiter bis in die prächtigen Villenviertel von Blasewitz und Loschwitz oder schlenderte durch die Weinberge bei Radebeul. Am beeindruckendsten fand ich Oberloschwitz, wo man 1895 eine Standseilbahn gebaut hatte, auf die 1901 eine Schwebebahn folgte. Eine bahnbrechende Neuerung der damaligen Zeit!

Dresden wurde wegen seiner Kunstsammlungen, seiner barocken und mediterran geprägten Architektur, aber auch seiner malerischen und klimatisch begünstigten Lage im Elbtal auch ‚Elbflorenz' genannt. Ein treffender Spitzname: Der Blick auf die Elbe, die Türme, das Schloss, die Frauenkirche, die Brühlsche Terrasse, die Ministerien und das Japanische Palais waren jedes Mal ein Augenschmaus.

Oft saß ich gegen Abend zusammen mit Professor Ufer auf dem Balkon und erfuhr dabei so einiges aus seiner Zeit an der Kunstakademie. Er war mit vielen großen Namen bekannt und pflegte Kontakte zu einer ganzen Reihe bedeutender Persönlichkeiten aus dem Kunstmetier. Über Ufer lernte ich Prof. Dorsch kennen. Er war Professor an der Kunstakademie und Vorsitzender des Sächsischen Kunstvereins. Mit beiden Künstlern habe ich viele anregende Stunden verbracht. Durch den Umgang mit ihnen bekam ich eine nähere Beziehung zur Malerei und Bildhauerei. Ausgezeichnete Schauspielvorstellungen und Konzerte ließen mich die Schwere des Alltags immer wieder vergessen.

Erwähnenswert ist noch ein Erlebnis mit Herrn von Baumann. Dieser hielt einen Löwen in seiner Dresdner Wohnung, der gelegentlich ahnungslose Besucher erschreckte. Als er eines Tages den Dackel eines Bekannten beim Spielen mit der Pranke verletzte, beschwerte sich der Hundebesitzer mit gutem Recht. Daraufhin wurde von Baumann auferlegt, einen Zwinger für den Löwen zu bauen. Es war ihm jedoch zuwider, das noble Tier in einen Käfig zu stecken, also schenkte er es lieber dem Dresdner Zoo. Immer wenn von Baumann den Löwen dort besuchte, kam er zu ihm und wollte von ihm gestreichelt werden. Er erkannte ihn immer wieder.

Eine Zeit lang besuchte ich zweimal die Woche die Oper und vor allem die Klassikervorstellungen des Schauspielhauses boten für mich nach wie vor hohe Kultur. Ich lernte den Oberspielleiter Georg Kiesau und den früheren Hofschauspieler Paul Paulsen kennen. Mit ihm und seiner Gattin, die jüdischer Abstammung war, verbrachte ich viele frohe, aber auch ernste Stunden. Als Referent für Theater- und Filmwesen beim Polizeipräsidium stand ich auch in dienstlicher Beziehung zu ihm, da er Bezirksobmann der deutschen Bühnengenossenschaft für Sachsen war.

Die Kultur lenkte mich von der harten Realität ab. Inflation und Arbeitslosigkeit bildeten den Gesprächsstoff der Menschen auf den Straßen, die in dichten Kreisen beisammenstanden. Wir erhielten an manchen Tagen zweimal Gehalt, das aber oft kaum zum Kauf eines Brotes genügte. Alles stürzte sich wie wild auf den Kauf von Sachwerten. Da aber die Geschäftsinhaber die Preise entsprechend erhöhten, wurde auch dies bald unmöglich.

Was sollten also die machen, die ohne Erwerb und gesichertes Einkommen waren? In ihren abgetragenen Soldatenmänteln, oft ein Kind an der Hand, blass, abgezehrt und die ernsten Augen voll Hoffnungslosigkeit. Manch alten Frontkameraden erkannte ich unter diesen traurigen Gestalten. Bald entstanden Krawalle. Lebensmittelgeschäfte wurden achtlos geplündert und Dienstgebäude belagert. Auf dem Postplatz gab es bei Schießereien Tote und Verwundete.

Im krassen Gegensatz zu diesem Elend standen die überfüllten Gast- und Vergnügungsstätten, wo all die, die es sich noch leisten konnten, die Misere wegzufeiern versuchten. Viele Ausländer hielten sich in der Stadt auf, darunter besonders Tschechen, die mit ihrer hoch im Kurs stehenden Valuta eine Menge deutscher Waren einkauften und über die Grenze schmuggelten. Es kam auch vor, dass tschechische Käufer ihre abgetragenen Kleider in den Geschäften hinter dem Vorhang ließen und völlig neu ausstaffiert den Laden verließen.

Inzwischen war Hitler an die Macht gekommen. Wir Berufsbeamte, besonders die der staatlichen Verwaltung, hatten in der vorhergehenden Zeit, in der es zuletzt 36 Parteien gegeben hatte, schwer zu leiden gehabt. Die linksgerichteten Parteien bekämpften uns als volksfremd. In leitende Stellen stiegen wir nicht auf. Sie blieben kommunistischen oder sozialistischen Parteimitgliedern vorbehalten, die die dafür erforderliche Eignung und Befähigung in vielen Fällen nicht hatten. Hitler hingegen verkündete die Schaffung des Berufsbeamtentums und die Beseitigung der Parteienherrschaft, vor allem aber die Beseitigung der Standes- und Klassenunterschiede. Jeder Befähigte, gleich ob arm oder reich, sollte Aufstiegsmöglichkeiten zu den höchsten Stellen haben. Diesen Versprechungen glaubten viele. Sie gaukelten die Hoffnung auf eine bessere Zukunft vor und daran klammerten sich die Menschen wie an einen rettenden Strohhalm.

Da ich mich bei Besprechungen wiederholt gegen jegliche Gewaltanwendung bei polizeilichen Vernehmungen und vor allem gegen jegliche Art der Folter ausgesprochen hatte, fühlte ich bald, dass ich bespitzelt wurde. Später erfuhr ich, dass jemand Bericht über mich an die Führung der SS, der die Polizei unterstellt war, erstattet hatte. Ich galt als politisch verdächtig, zumal ich unter anderem einem aus einem Konzentrationslager entlassenen Mann und vielen anderen Menschen zu ihrem Recht verholfen hatte. 1934 wurde ich von Himmler persönlich aus dem Polizeidienst entfernt und an die Kreishauptmannschaft strafversetzt. In einen Machtkampf verstrickt, trennte Himmler sich zu dieser Zeit von allen Personen, die ihm nicht loyal erschienen. Mit seiner Ernennung als ‚Reichsführer SS‘ hatte Himmler 1934 den höchsten Dienstgrad innerhalb der SS erhalten und war ab dann nur noch Hitler persönlich verantwortlich.

Ich hatte in den vergangenen Jahren der Sorgen und Ärgernisse einige wenige Menschen kennengelernt, die ich sehr schätzte. Im Umgang mit ihnen konnte ich offen sprechen und auch ihre Nöte erfahren. Zu meiner starken dienstlichen Beanspruchung bildete der Verkehr mit gleichgesinnten Menschen für mich einen wohltuenden Ausgleich. Neben Professor Ufer und Paul Paulsen pflegte ich vor allem intensiven Kontakt zu Arno Drescher.

Mit ihm, der ebenfalls in Auerbach geboren und ein Schüler meines Vaters gewesen war, verband mich eine besondere Freundschaft, die bis zu seinem Tod andauern sollte.

1920 erhielt Arno eine Professur an der Staatlichen Akademie für Kunst und Gewerbe in Dresden, später war er Direktor der Staatlichen Akademie für Graphische Künste und Buchgewerbe in Leipzig. Arno entwarf unter anderem Banknoten für die Deutsche Reichsbank, Briefmarken, Plakate (etwa das Ausstellungsplakat für die 1936 in Dresden stattfindende erste Reichsgartenschau), Signets und Firmenlogos, unter anderem das frühere Markenzeichen der Automobilmarke Audi (die Kühlerfigur), das Logo für Hachez-Schokolade und diverse Schriften für verschiedene Schriftgießereien. Seine grafischen Werke stellte er zusammen mit Künstlern wie Erich Heckel, Karl Hofer, Oskar Kokoschka, Max Liebermann, Emil Nolde, Max Pechstein, Christian Rohlfs und anderen aus.

Ich war Pate des jüngsten Sohns Christoph und fühlte mich bei meinen Besuchen in ihren Heimen in Blasewitz, Tolkewitzer Straße 17, einem früheren kleinen Gutshofe mit Garten an der Elbe, später in der Löbauer Straße, besonders wohl. Es war eine geruhsame Entspannung in einer politisch stark bewegten, aufgewühlten Zeit. Im Drescherschen Haus lernte ich geistig interessante Menschen kennen: den leider früh verstorbenen Kunstmaler Artur Ahnert und den Arzt und Dichter Dr. Konstantin von Kügelgen. Dieser war ein feinsinniger Mann, Rohköstler und fanatischer Alkoholgegner. Im Drescherschen Haus wurde viel musiziert. Konzertmeister Rainer von der Staatskapelle, ein vogtländischer Landsmann, erfreute uns an seinem Violinspiel. Auch Arno geigte oft zusammen mit seiner Tochter Christine. Und wenn ich allein zu Gast war, begleitete ich Arno und Christine am Klavier. Mit Arno durchwanderten wir oft die Gersdorfer Gegend, dabei malte und skizzierte er. An anderen Tagen besserten wir gemeinsam schadhafte Stellen im Hause aus und malten Zimmer an, auf dem Kopf Papiermützen und Schürzen umgebunden.

Walther Hultsch, Öl auf Leinwand
Gemalt von Arno Drescher, 1926

Bekannte und Freunde
1918–1934

Die Jahre zwischen den Weltkriegen waren zwar geprägt von Aufruhr und Sorgen, aber viele meiner geschätzten Wegbegleiter in dieser Zeit machten das Leben erträglicher. Mehrmals in der Woche war ich mit dem Maler und Akademieprofessor Max Feldbauer beisammen. Er war einmalig in seiner Art. Als Niederbayer bisweilen knorrig, abweisend und misstrauisch, allem öffentlichen Hervortreten abhold. Er zeigte stets eine klare Einstellung zu allen Dingen des Lebens, verbunden mit einer offenen Gesinnung. Zugeständnisse machte er nicht. Manch frohe Stunde verbrachte ich mit ihm und seiner klugen Frau daheim oder im Kino.

Nach dem Kino kehrten wir meist noch in einem Gasthaus zu bayrischem Bier und Salzbrezeln ein. Dabei erzählte der Künstler viele Schnurren aus seiner Dachauer und Münchner Zeit. Als junger Akademiker hatte er alle großen Münchner Maler kennengelernt – Stuck, Trübner, Lenbach und Defregger. Adolph von Menzel betrachtete einst lange ein Bild Feldbauers durch die Lupe. Feldbauer war eines der beliebtesten Mitglieder der Münchner Kunstvereinigung *Die Scholle*. Seine Werke sind unter anderem in der Gemäldegalerie Dresden, in der Bayerischen Staatsgemäldesammlung und im Lenbachhaus in München zu sehen. Feldbauers liebstes Modell blieb immer das Pferd. Sein Bild *Ajax* hängt bei uns über dem Klavier.

Ajax aus dem Circus Sarrasani, gezeichnet von Max Feldbauer.

Der Zirkus Sarrasani mit Sitz in Dresden warb seinerzeit mit
dem Slogan „Modernster Circus der Jetztzeit". Neben etwa 400
Tieren hatte er etwa 800 Mitarbeiter verschiedenster Nationen.
Zwei Riesenzelte fassten jeweils mehr als 10.000 Besucher.

1916 war Feldbauer an die Kunstakademie berufen worden und hatte dort ein großes Atelier, wo ich ihn so manches Mal besuchen konnte. Durch Feldbauer lernte ich auch einige seiner Schüler kennen, darunter Erik Mailick aus Moritzburg und Otto Dix. Dix brachte es später zu großer Bekanntheit, er war in Dresden Schüler Richard Guhrs. Auf Anregung von Feldbauer, Dorsch und Prof. Richard Müller wurde ich in den Beirat des Sächsischen Kunstvereins berufen, dem ich mehrere Jahre angehörte. Obwohl ich Laienmitglied war, nahm ich oft an den Sitzungen der Jury und an der Hängekommission in den Räumen des Kunstvereins auf der Brühlschen Terrasse teil. Später war ich im Vorstand des Kunstvereins.

„Der Sächsische Kunstverein wurde am 7. April 1828 in Dresden gegründet. Anlass war eine Versammlung von Kunstfreunden zum 300. Todestag Albrecht Dürers. Zu den Gründungsmitgliedern gehörten der damalige Generaldirektor der Kunstakademie Heinrich Vitzthum von Eckstädt, der Leiter der Dresdner Skulpturensammlung Karl August Böttiger, verschiedene Künstler und Professoren der Dresdner Kunstakademie sowie der Kunstmäzen und -schriftsteller Johann Gottlob von Quandt. [...]

Die zunächst 70 Vereinsmitglieder stammten aus verschiedenen sozialen Schichten und waren u. a. Adlige und Hofbeamte, Bürgerliche, Künstler und Schriftsteller. Als Ehrenmitglied konnte Johann Wolfgang von Goethe gewonnen werden. Zu den Förderern des Sächsischen Kunstvereins gehörte auch der sächsische König Anton, der einen Zuschuss von 500 Talern bewilligte. [...]

Ziel des Vereins war es, zum einen als Bildungsvermittler zwischen Bürgern und Künstlern aufzutreten und zugleich

zeitgenössische Künstler durch Ausstellungen und An-
käufe zu fördern. Außerdem setzte er sich für den Erwerb
von Gemälden, Bildhauerarbeiten, Architekturrissen und
anderen Kunstgegenständen für die sächsischen Kunstsammlungen ein. Damit sollte die schwindende Rolle des
Adels als Auftraggeber für bildende Kunst ausgeglichen
und durch bürgerschaftliches Engagement ersetzt werden.
Anfangs orientierte sich der Sächsische Kunstverein vor allem auf die Förderung ‚vaterländischer‘, d. h. sächsischer
Kunst, erweiterte jedoch seinen Wirkungskreis bald auf
Künstler aus den übrigen deutschen Ländern. Die Auswahl
der einzelnen Werke oblag dem Ausschuss des Kunstvereins, dem jeweils vier Künstler und vier Kunstfreunde an-
gehörten.“[10]

Abends labten wir uns dann im Ratskeller bei einem Glas
Wein. Viele fröhliche Geschichten wurden dort erzählt. Im
lustigen Kreis befand sich auch der Direktor des Kunstvereins, Christian Voß, der mich zuweilen beim Kauf eines Bildes beriet.

Es bedeutete für mich stets eine Erholung, nach Dienstschluss die Kunst- und Antiquitätenläden zu durchstöbern.
Besonders die Geschäfte der Gebrüder Axt hatten es mir
angetan. Im Laufe der Zeit hatte ich eine vorzeigbare
Sammlung zusammengebracht, die mir immer reine
Freude bereitete. Bei der Feier des sechzigsten Geburtstags
von Prof. Dorsch im Ratskeller lernte ich Prof. Richard Guhr
kennen. Seinem künstlerischen Genie ist unter anderem
der *Goldene Rathausmann* mit dem Füllhorn auf der Spitze
des Dresdner Rathausturms zu verdanken. Guhr erwähnte,

---

[10] Wikipedia: Sächsischer Kunstverein.

dass sein Vater unter Hermann Zumpe Kammermusiker im Schweriner Orchester gewesen war und pries dessen Genialität. Bei einem seiner Besuche schenkte er mir zwei seiner Bilder: ein kleines Ölbild des Retters und Gönners Wagners, des Königs Ludwig II. von Bayern, im selbst gefertigten Rahmen mit Widmung sowie ein Ölbildchen des Heimdall.

„Guhr wurde 1904 künstlerischer Beirat für die deutsche Abteilung der Weltausstellung in St. Louis (USA) und erhielt nach seiner Rückkehr einen Ruf an die Dresdner Kunstgewerbeschule, wo er eine Anstellung als Lehrer für figürliche dekorative Malerei fand. Als Bildhauer-Autodidakt, gewann er den Wettbewerb um den Schmuck des Dresdner Rathausneubaus und schuf zwölf Attika- und Portalfiguren sowie den fünf Meter hohen, herkulesartigen „Rathausmann" als vergoldete Bekrönung, für den der Ringer Ewald Redam aus Meißen Modell stand. In Berlin hatte Guhr Kandelaber und Pfeilerkapitelle für die Innenausstattung des Hotels Adlon entworfen. Schon vor dem Ersten Weltkrieg hatte sich Guhr einer geradezu kultischen Verehrung Richard Wagners zugewandt. Jedes Jahr pilgerte er am Ende einer 40-tägigen Fastenzeit nach Bayreuth, um an Wagners Grab zu beten. Seit 1912 entstanden Bilder seiner späteren „Wagner-Ehrung" und ein Modell des monumentalen Wagner-Denkmals, das schließlich 1933 im Liebethaler Grund bei Dresden aufgestellt wurde. In Künstlerkreisen nannte man Guhr „Michelangelo von Dresden". Er widmete sich mit ganzer Kraft seiner „Wagner-Ehrung", für die er Bilder in der Manier mittelalterlicher Tafelmalerei ausführte. 1938 bis 1944 konnte er in Dresden seine auf über

Hundert Werke angewachsene Ehrung im Schloss Albrechtsberg zeigen, wo er sonntags persönlich Führungen veranstaltete. Infolge des Bombenangriffs auf Dresden am 13.2.1945 wurde die Sammlung vernichtet."[11]

Guhr sollte ich nach dem Ende des Zweiten Weltkriegs zunächst aus den Augen verlieren. Ich war erschüttert, als ich dann viel später von dem schrecklichen Verlust erfuhr. Zugleich empfand ich so tiefe Dankbarkeit gegenüber dem Bürgermeister der Stadt, dass ich nicht umhinkonnte, einen Brief an ihn zu verfassen:[12]

„Sehr geehrter Herr Bürgermeister! Als ich vor einer Woche mit dem mir befreundeten Herrn Professor Richard Guhr, den ich seit der entsetzlichen Bombennacht am 13./14.2.1945 nicht wiedergesehen hatte, zusammen war, hörte ich von ihm und seiner Gattin im Laufe der Unterhaltung, dass sie von Ihnen, sehr geehrter Herr Bürgermeister, in jeder Hinsicht gefördert worden sind. Sie haben Guhrs hinsichtlich der Wohnung geholfen und besonders auch die Ausstellung des Herrn Professors mit allen Kräften unterstützt. Es war mir, da ich die Notlage kenne, eine Freude, das zu hören, zumal ich selbst als Totalbombengeschädigter dafür besonderes Verständnis habe. Der Umgang mit Kunst und Künstlern erhebt den Menschen über den Alltag mit seinen großen und kleinen Sorgen. Als Freund von Herrn Professor Guhr möchte ich nicht verfehlen, Ihnen auch meinerseits dafür zu danken, dass Sie dem 73-Jährigen eine neue Heimat bereitet haben und Verständnis für

---

[11] Sächsische Biografie: Richard Guhr.
[12] Dieser Brief vom 7.7.1947 tauchte bei den Recherchen zu diesem Buch in einem Antiquariat auf.

seine Kunst zeigen. Mit den besten Grüßen, Dr. Walther Hultsch."

Im Rahmen meiner Tätigkeit für den Sächsischen Kunstverein lernte ich auch Felixmüller und Schramm-Zittau kennen, mit dem mich eine Duzbrüderschaft verband. Von ihm habe ich ein Bild, *Hirsche im Wald*.

„Schramm-Zittau erhielt 1900 eine Auszeichnung auf der Pariser Weltausstellung. Auf der 2. Biennale Venedig war er 1901 mit zwei Gemälden vertreten, mit dem Bild *Hahnenkampf* gewann er eine Goldmedaille. Schramm war ein bekannter und vielseitiger Tiermaler, dessen Motive *Wasservögel* und *Pferdejagd* besonders geschätzt wurden. Schramm-Zittau nahm an der ersten Ausstellung des Deutschen Künstlerbundes 1904 in München mit dem Ölbild *Gänse* (1903?) teil – zu diesem Zeitpunkt noch als Jury-Mitglied der Münchener Secession, unter deren Kuratorium die Ausstellung lief. [...] Nach seiner Ernennung zum ‚Königlichen Professor' war Schramm-Zittau bis 1934 in München tätig. In seiner Münchener Zeit entstanden einige städtische Genreszenen. [...] 1934/1935 wurde er als Professor für Tier- und Landschaftsmalerei an die Dresdner Kunstakademie berufen [...]. Schramm war nach 1933 einer der meistausgestellten deutschen Künstler [...]. Schramm-Zittau war von 1937 bis 1944 war er auf sieben Großen Deutschen Kunstausstellungen in München vertreten."[13]

---

[13] Wikipedia: Rudolf Schramm-Zittau.

Auszug aus einem Brief von Conrad Felixmüller an Walther Hultsch 1960: „... Wir würden uns sehr freuen, wenn Sie nicht nur die Tautenhainer Kirche, sondern auch uns besuchen würden. Hier in diesem Dorfe haben wir uns ein altes Gemäuer als Atelier und Wohnung ausgebaut; bei uns können Sie bequem übernachten – in einem richtigen „Fremdenzimmer". Ich versichere Ihnen, dass ich Sie stets in dankbarer Erinnerung behalten habe und dass es mich sehr freuen würde, Sie wiederzusehen."

„Conrad Felixmüller war der Sohn des Dresdner Fabrikschmiedes Ernst Emil Müller. Er wuchs als Conrad Felix Müller auf. Auf Anraten eines Kunsthändlers nahm er den Künstlernamen Felixmüller an. Nachdem er 1911 ein Musikstudium aufgegeben hatte, begann er im Herbst 1912 ein Studium an der Dresdner Kunstakademie. Bereits 1915 machte er sich als freischaffender Künstler selbständig. 1919 wurde er Gründungsmitglied und Präsident der Dresdner Sezession Gruppe 1919 mit Lasar Segall, Otto Dix und Otto Griebel. Im Jahr 1933 wurden seine Werke in der Ausstellung Entartete Kunst in Dresden geächtet. Im Jahr 1934 zog er nach Berlin-Charlottenburg. 1936 waren rund 40 seiner Werke Teil der nationalsozialistischen Ausstellung Entartete Kunst, Felixmüller wurde aus dem Verein Berliner Künstler ausgeschlossen. Im Jahr 1937 wurden seine Bilder aus allen öffentlichen Sammlungen entfernt. Die Nationalsozialisten vernichteten zwischen 1938 und 1939 insgesamt 151 seiner Werke."[14]

---

[14] Wikipedia: Conrad Felixmüller.

„Felixmüller war ein viel geehrter Künstler. Unter anderem erhielt er für das Frauenbild *Schwangere im Herbstwald* (1920) den Sächsischen Staatspreis oder für sein Selbstbildnis das *Liebespaar von Dresden* (1928) den Großen Preis für Malerei in Dresden. Sein Gesamtwerk aus Malerei, Zeichnung und Graphik umfasst rund 2.500 Arbeiten. Mit dem Verkauf seiner Werke, aus dem der Künstler eine relativ sichere wirtschaftliche Existenz schöpfte, betraute er Emil Richter. Conrad Felixmüller orientierte sich an dem Malstil der Künstlervereinigung *Die Brücke.*"[15]

Das Bild *Herbst in Klotzsche* von Conrad Felixmüller wurde 2011 bei Ketterer Kunst für 610.000 Euro versteigert.

---

[15] Who is who Conrad Felixmüller.

Herbst in Klotsche, Öl auf Leinwand, 1920
Conrad Felixmüller

Die Begegnung
1930er-Jahre

Ich las sehr viel und gerne. Es waren behagliche Stunden für mich, besonders wenn ich an den Winterabenden bei einer Zigarre oder Pfeife meine Kunstblätter betrachtete. Über die Jahre hatte ich eine beachtliche Sammlung zusammengetragen, unter anderem Werke von Busch, Zille und Barlach.

Die Nachkriegsjahre vergingen mit Freud und Leid. Um meiner dienstlichen Beanspruchung und meinen vielseitigen Interessen gleichzeitig gerecht zu werden, hatte der Tag zu wenige Stunden. Meist legte ich mich erst gegen Mitternacht zur Ruhe. So war Jahr um Jahr vergangen, ohne dass sich mir die Möglichkeit eröffnete, ein Mädchen kennenzulernen.

Schon häufiger war mir aber eine junge Frau im Theater oder in Konzerten aufgefallen. Sie war sehr hübsch, mit einer frischen Gesichtsfarbe, dunklen Augen und dunklem Haar. Meine Hoffnung, ihr durch Bekannte einmal vorgestellt zu werden, erfüllte sich leider nicht.

Aber im Herbst 1936 drehte sich mein Glück. Ich ging an einem Oktoberabend in der siebten Stunde zu Fuß nach Hause. Es war ein feuchtwarmer Abend und ich wollte die kühle Frische genießen, statt eng an die anderen Fahrgäste gedrängt in der Straßenbahn zu stehen. Das Laub fiel von den Bäumen und die Straßenlampen brannten bereits.

Als ich am Hause Comeniusstraße 45 vorbeigehen wollte, versperrte mir ein hellgrünes Cabriolet den Weg. Seine Insassen sprachen mit jemandem auf der anderen Straßenseite. Nichts ahnend umrundete ich den Wagen. Als ich das

Scheinwerferlicht passierte, wagte ich einen Blick ins Innere. Da sah ich sie – meine Angebetete – am Steuer des Autos.

Wie angewurzelt blieb ich stehen und starrte sie mit großen Augen an. Ihr dunkles Haar versteckte sie unter einem kleinen Hut, der seitlich ein Netz hatte. Dazu trug sie eine weiße Bluse mit schwarzen Motiven, unter der sich ihr Busen wölbte. Was mich am meisten begeisterte, waren ihre wundervollen Augen. Obwohl sie dunkel waren, strahlten sie wie tausend Sterne.

Plötzlich wurde ich durch eine mir bekannte Stimme aus meinem Schmachten gerissen. Ich fuhr herum und erkannte Johannes Kapitzky als den Besitzer der Stimme. Mit erhobener Hand stand er auf der anderen Straßenseite an der Gartentür des Hauses Nr. 45 und rief mir ein „Guten Abend, Herr Doktor!" zu. Bei ihm waren seine Frau, seine Schwägerin und eine weißhaarige Dame, die einen kleinen Hund auf dem Arm trug.

„Entschuldigen Sie bitte!", Herr Kapitzky lächelte mich freundlich an. „Es tut mir leid, dass Sie um den Wagen herumlaufen mussten."

Im ersten Augenblick konnte ich nichts auf seine Entschuldigung erwidern. Noch zu sehr faszinierte mich das Mädchen in dem Cabrio.

Leider blieb es nur bei der Vorstellung. Es fielen die üblichen Worte, niemand konnte meine Gefühle und Gedanken ahnen. Enttäuschung machte sich breit, als sie den Wagen startete und wegfuhr. Ich atmete tief durch und schaute dem Wagen so lange nach, bis die Scheinwerfer in der Dunkelheit verschwanden

Einige Wochen nach dieser wundersamen Begegnung wurde ich von Hagspihls eingeladen, ihren neuen Steingarten auf ihrem Grundstück in Oberloschwitz zu besichtigen. Heinrich Hagspihl war mein angeheirateter Vetter und der Schwager von Herrn Kapitzky. Was ich nicht wusste, war, dass auch Fräulein Wolff mit ihrer Mutter und ihrer Schwester dazu eingeladen worden war. Umso erstaunter war ich, als ich meine Angebetete zwischen all den Blumen erblickte. Sie trug ein eng anliegendes Kleid mit weißen Punkten und war noch schöner als bei unserer letzten Begegnung. Endlich ging mein langersehnter Wunsch in Erfüllung und Hilde Wolff wurde mir vorgestellt!

Mir war heiß und kalt zugleich. Nervös wischte ich meine feuchten Handflächen an meiner Hose ab und betete, dass sie nicht merken würde, wie aufgeregt ich war. Aber meine Sorge stellte sich als unbegründet heraus. Wir harmonierten auf Anhieb. Wie ich in unserem Gespräch erfuhr, gehörte ihrer Tante, Johanna Bernhardt, das Nachbargrundstück in der Oeserstraße 3. Hilde Wolff erzählte mir, dass sie eine Privatausbildung zur Pianistin gemacht hatte und ihre Schwester Magdalene als Geigerin ausgebildet war. Sie musizierten beide gerne und regelmäßig mit Frau Hagspihl und Frau Kapitzky. Der Steinway-Flügel aus Loschwitz überlebte den Krieg im Übrigen – er sollte später noch viele Jahre bei uns in Moritzburg stehen.

Es war ein traumhafter Nachmittag. Hilde und ich hatten viel zu bereden. Wir blendeten die Leute um uns herum einfach aus und konzentrierten uns auf uns. In den Gesprächspausen erfreuten wir uns an der Musik, an den herrlichen bunten Blumen im Garten, an den kühlen Getränken und dem exquisiten Büfett.

Wir merkten kaum, wie die Zeit verging, so vertieft waren wir in unsere Unterhaltung. Der Tag näherte sich viel zu schnell seinem Ende. Am späten Nachmittag war es so weit: Ihre Mutter holte sie ab und bat sie, mit nach Hause zu kommen, ihre Schwester wartete schon.

Zum Abschied küsste ich ihre Hand und sagte: „Ich hoffe, dass wir uns sehr bald wiedersehen."

„Das würde mich sehr freuen", sagte sie verlegen und lief rot an.

Wie ich von Hilde später erfahren sollte, war sie die Enkelin von Robert Bernhardt, dem Besitzer des bekannten Modewarenhauses am Postplatz in Dresden. Ein kleiner Exkurs dazu im folgenden Kapitel.

Postkarte vom Postplatz in Dresden um 1920 – dunkel
das Modewarenhaus Robert Bernhardt

Eine der vielen Sammelmarken des Modewarenhauses
Robert Bernhardt

Modewarenhaus R. Bernhardt
1865–1929

Im Jahr 1865 gründete Robert Bernhardt sein Modewaren-
geschäft in der Wilsdruffer Vorstadt, am Freiberger Platz
handelte er mit Kleidern. Die Geschäfte liefen gut und mit
der Zeit wurden seine Geschäftsräume zu klein. Also ver-
größerte er das Ladenlokal, indem er die Geschäftsräume
im Nachbarhaus erwarb. Aber auch diese Erweiterung erwies sich bald als nicht ausreichend für das florierende
Kaufhaus.

Im ersten Jahrzehnt des 20. Jahrhunderts kaufte Robert
Bernhardt eine Reihe bebauter Grundstücke zwischen der
Annenstraße und der Großen Zwingerstraße in unmittelbarer Nähe des Postplatzes. Die darauf stehenden Häuser,
alle nicht mehr auf der Höhe der Zeit, wurden abgerissen,
um Platz für einen imposanten Neubau zu schaffen, der das
mittlerweile stark gewachsene Modewarenhaus beherber-
gen konnte. Der Hochbau selbst wurde innerhalb eines halben Jahres ausgeführt.

In einer Fachzeitschrift berichtete man über eine Besichtigung des Kaufhauses durch den Dresdner Architekten-
verein am 4. April 1909 unter Führung des verantwortlichen Architekten C. Schümichen. Nach Maßgabe des Bau-
herrn sollten nur ortsansässige Firmen am Bau und der
Einrichtung des Hauses beteiligt sein. Die bekannte Firma
Kelle & Hildebrandt errichtete das Stahlskelett und die
Ausführung der Hochbauarbeiten oblag dem Baumeister
Hermann Richter. Bildhauer Georg Ullrich zeichnete für
den Schmuck, außen wie auch innen, verantwortlich. Der
gesamte Innenausbau lag also in den Händen von Dresdner
Firmen beziehungsweise Firmen aus dem Umland.

Man konnte das Haus durch zwei Eingänge betreten: links von der Annenstraße, rechts von der Großen Zwingerstraße. Jeweils drei Schaufenster an den Straßenfronten luden zum Betrachten der Auslagen ein. Die drei Personenaufzüge, hergestellt von der renommierten Firma Kühnscherf, waren mit besonders feuersicheren Türen des Systems des Tischlermeisters Georg Geyer ausgestattet, ebenso wie die Treppenhaustüren. Überall waren vollautomatische Feuermeldeanlagen angebracht. Kurz: Es war alles auf dem neuesten Stand der Technik!

Vom Eingang der Annenstraße erreichte man einen großzügigen Innenhof, überdacht mit einer gewaltigen Glaskuppel, die 16 mal 10 Meter maß. Eine geräumige Treppenanlage führte zu den Verkaufsgalerien, auf deren erstem Absatz ein Schmuckbrunnen aufgestellt war. Links und rechts des Treppenaufgangs standen Schmuckkandelaber, ebenfalls gefertigt im Stil dieser Zeit, aus dem Hause Seifert in Mügeln. Der geräumige Lichthof spendete bei Tag natürliches Licht.

Den Strom für die elektrische Beleuchtung und die Aufzüge lieferte ein eigenes kleines Kraftwerk, hergestellt vom Sachsenwerk Dresden-Niedersedlitz, welches mit der Heizung gekoppelt im Kellergeschoss untergebracht war. Dieser Ansatz wird heute noch genauso umgesetzt. Im Kellergeschoss befanden sich auch die Personalräume und eine Kantine für die Mitarbeiter sowie ein Teil der umfangreichen Warenlager.

Im Modewarenhaus R. Bernhardt wurde mit Sicherheit jeder fündig: Im Erdgeschoss gab es Accessoires. Auf den umlaufenden Galerien der ersten und zweiten Etage befanden sich die Konfektionsverkaufsstände, zu denen man über Promenadentreppen, aber auch mit den drei vorhandenen Personenaufzügen gelangte. An der Seite zur Großen Zwingerstraße befanden sich drei Kollektionszimmer, wo die Weiterverkäufer hingeführt wurden und die Handelsreisenden ihre Verkaufsmuster ausbreiteten.

Nett ist die Geschichte einer Kundin, die sich am Empfang nach Blusen erkundigte. „Bitte, erste Etage, Aufzug", lautete die Antwort.

Die Dame zog es aus Vorsicht vor, die Treppe zu benutzen – es sei einmal ein junger Mann im Aufzug zerquetscht worden. „Solche Aufzüge bleiben schon mal stecken, dann verhungern die Insassen", führte sie weiter aus, um ihre Nervosität zu begründen.

Die gesamte vierte Etage war der Schneiderei vorbehalten, während sich unter dem Dach noch einmal ausgedehnte Lager befanden. Auf dem Dach über dem Wirtschaftshof hatte man einen Platz zum Teppichklopfen geschaffen. Im Haus gab es teppichbelegte separate Anproberäume mit luxuriöser Ausstattung. Und auch ein Erfrischungsraum war vorhanden. Man wollte den Kunden wirklich etwas Besonderes bieten.

Die ersten Jahre im neuen, luxuriösen Gebäude waren goldene Zeiten für die Familie Bernhardt/Beyer. Als jedoch einige Jahre später der Erste Weltkrieg wütete, machte die beginnende inflationäre Entwicklung dem Unternehmen sehr zu schaffen. Die Arbeit wurde aufgrund kriegsbedingter Vorschriften immer schwieriger und die Rohstoffknappheit immer größer. Der unglückliche Ausgang des Krieges drückte den vaterländisch gesinnten Robert Beyer stark nieder, zumal er wahrnehmen musste, dass er sich in dem Mitarbeiter, dem er voll vertraute, stark getäuscht hatte.

Das endgültige Aus kam Anfang der 1920er-Jahre infolge von Robert Beyers Tod. Er hatte sich nach einem heißen Bad, mit dem er eine Erkältung ausheilen wollte, mit einer Schlittendroschke in seine Wohnung begeben, wo er an Lungenentzündung erkrankte und nach wenigen Tagen im Alter von fünfunddreißig Jahren seine Augen für immer schloss.

Seine Frau und seine Töchter, darunter meine Hilde, Verwandte und Freunde waren in tiefer Trauer. Robert war ein freundlicher und humorvoller Mensch gewesen. Er war ein Kaufmann mit bedeutenden Fähigkeiten und hatte seine Firma auf ehrsamen und soliden Grundsätzen auf- und ausgebaut. Mit seinen vielen Angestellten verband ihn ein patriarchalisches Verhältnis. Es herrschte gegenseitiges Vertrauen, noch fern vom Klassenhass.

Für die Familie begannen schwere Jahre. Hildes Mutter hatte nach nur neunjähriger zweiter Ehe ihren geliebten Mann verloren, Magdalene und Hilde einen lieben, treusorgenden zweiten Vater. Mit Vater Beyer war die Hauptstütze der Firma dahingegangen, weshalb die überlebenden Inhaber 1929 beschlossen, sie aufzulösen. Die Reichspost erwarb nun das Gebäude und richtete es als Postscheckamt ein.

Der Februar 1945 sollte die Zerstörung des Hauses bringen. Es brannte vollständig aus. Das Skelett war ausgeglüht, das Dach des vormals pompösen Oberlichtes lag verbogen auf der Ruine, und die Fassade zum Postplatz hin war weggerissen.[16] Eine Ära ging endgültig zu Ende.

---

[16] Aus: http://starkes-dresden.de/bernhardt

Innenaufnahme Modewarenhaus Robert Bernhardt
am Postplatz in Dresden

Hildes Familie
1900–1945

Hilde und ich wurden schnell unzertrennlich und bald ging ich bei ihrer Familie ein und aus. Margarethe Beyer, Tochter von Robert Bernhardt und Mutter von Hilde und Magdalene Wolff, hatte 1900 das Haus Comeniusstraße 45 in Dresden, direkt am Großen Garten, erbauen lassen. Telefon und Toilette standen in jeder Etage zur Verfügung – damals eine echte Seltenheit. Im großen Salon glänzte prunkvoll ein Steinway-Flügel, darauf die Figur eines russischen Reiters aus Eisenguss. Diese Figur war das Einzige, was nach der Bombardierung 1945 vom ganzen Haus noch übrig bleiben sollte.

Neben dem Salon befand sich ein Wintergarten. Die Möbel im Schlafzimmer waren aus hellem Birkenholz und im Windfang stand ein ausgestopfter Braunbär. Das gesamte Interieur ließ auf einen guten Geschmack und wohlhabende Bewohner schließen.

Hildes Jugendzeit verlief in Frohsinn und Munterkeit. Sie besuchte mit ihrer Schwester die höhere Mädchenschule. In ihrer freien Zeit spielten sie auf dem gegenüberliegenden Platz vom elterlichen Grundstück. Spielkameradin und Anführerin der Indianerspiele war Sibylle von Gersdorff, die Tochter eines im Nachbarhaus wohnenden Generals. Gersdorff ist der Name eines Adelsgeschlechts aus der Oberlausitz, das zum deutschen Uradel zählt.

Es herrschte reger Betrieb in diesem Haus und namhafte Gäste gingen ein und aus. Die Stimmung war meist unbeschwert und die Mahlzeiten immer großzügig und aufwendig. Allerhand Personal wuselte umher, um all diesen Luxus zu ermöglichen: das Hausmeisterehepaar Dietze, die

Köchin, das Hausmädchen, der Chauffeur Herr Thater und später noch eine Kinderschwester. Dietzes wohnten im Souterrain. Als später unser Sohn Christian auf die Welt kam, hatte Frau Dietze sofort einen Narren an ihm gefressen und sollte ihn sogar nach dem Krieg in Moritzburg besuchen.

Man speiste im Hause Beyer an einem reich gedeckten Tisch mit schweren Leuchtern, silberne Serviettenringe hielten frisch gestärkte Servietten zusammen und schweres Besteck flankierte die edlen Teller. Je nach Tageszeit kamen die unterschiedlichen Meißner Porzellane zum Einsatz, unter anderem das Gedeck *Ming-Drache*, auch einfach *Roter Drache* genannt.

Der Rote Drache erschien um 1730 erstmals auf Meißener Porzellan. Er gilt als einer der frühen indischen Dekore auf Tafelgeschirren aus dem Hause Meißen. Man kann davon ausgehen, dass August der Starke, Kurfürst von Sachsen und König von Polen, die ersten vollständigen Speiseservice mit dieser Dekoration für seine Hoftafel in Auftrag gab. Damit verhalf er der Malerei zu ihrem späteren Namen *Roter Hofdrache*. Bis 1918 blieb diese bewegungsreiche Komposition in Rot und Gold allein dem sächsischen Königshaus vorbehalten. Zwei einfarbige, goldgeschuppte und lang gestreckte Drachen umfliegen entgegen dem Uhrzeigersinn ein Paar im Zentrum kämpfender Hôô-Vögel. Diese Verbindung symbolisiert die Vereinigung von Himmel und Erde und die allumfassende Macht des Kaisers und der Kaiserin.

Dass dieses Porzellan in unserem Familienbesitz war, sollte uns übrigens 1945 beinahe zum Verhängnis werden: Die Sowjets entdeckten das Service nämlich nach dem Einmarsch in Moritzburg bei uns. Der Offizier war der Auffassung, der Rote Drache sei allein dem sächsischen Königshaus vorbehalten und wir hätten dieses Porzellan aus dem Moritzburger Schloss gestohlen. Es war gar nicht so einfach, ihm das auszureden, und wir schwitzten Blut und Wasser. Schlussendlich konnten wir dann aber glaubhaft darstellen, dass es seine Ordnung hatte und wir das Porzellan nach der Revolution rechtmäßig erworben hatten.

Comeniusstraße 45 in Dresden. Wohnhaus von Hilde und Walther Hultsch bis Februar 1945

Nicht nur das Haus in der Comeniusstraße wurde für mich im Zuge meiner Bekanntschaft mit Hilde zu einer zweiten Heimat: Im Jahr 1905 hatte Tante Hannchen, wie Hilde ihre Tante liebevoll nannte, das Einfamilienhaus Oeserstraße 3 in Loschwitz erworben und durch Zukauf von

119

Land einen prächtigen Garten geschaffen. Vom Wintergarten ihres herrlich gelegenen Heims zeigte sie mir manches Mal die tausend Lichter der unten ausgebreiteten Stadt. Das Grundstück war einfach traumhaft: Ein weißes Gartenhaus erhob sich malerisch über einem gemauerten Wasserbecken im unteren Bereich, umgeben von efeuumrankten Eichen. Aus einer kleinen Grotte floss Wasser in das Becken, auf dem Seerosen trieben. Der Ort war so friedlich, dass er fast verzaubert wirkte.

Besonders schön war die Aussicht von hier auf die Elbbrücke, das Blaue Wunder. Unvergesslich ist allen Besuchern der Blick hinab ins Elbtal mit seinen sommerlichen Schiffen, auf die Türme der geliebten Stadt mit ihrem Häusermeer und die Höhen des Erzgebirges bis hinab in die Lößnitz.

Wenn im Juli das Volksfest der Vogelwiese abgehalten wurde, bildeten die vielen Lichter der Karussells, Achterbahnen, Riesenräder, der verschiedenen Stände und vielen Bierzelte ein regelrechtes Lichtermeer. Ein fantastisches Bild! Besonders am Abend des Feuerwerks herrschte in Tante Hannchens Garten lebhaftes Treiben. Wundervoll war es auch, vom Wintergarten bei Gewitter die bizarren Wolkenformen und feurigen Blitze zu beobachten. Der Blick war zu jeder Jahreszeit ein Gedicht, bei Tag und Nacht.

Wie viele unvergessliche Stunden ich in ihrem Heim und Garten verbringen sollte! Bis heute bin ich der liebenswürdigen Gastgeberin für alle Zeit dankbar dafür.

Einmal waren Hilde und ich allein in dem wunderschönen Garten. Das war kurz nach meinem Besuch im Steingarten der Hagspihls. Zu meinem Erstaunen konnten wir direkt an unser Gespräch anknüpfen, ohne Scheu und ohne sinnentleertes Geplänkel. Wir hatten keine Probleme damit, offen miteinander zu sprechen. Beiderseits blieben keine Fragen unbeantwortet.

Nach Tante Hannchens Tod sollte Hilde das wunderschöne Grundstück in Oberloschwitz erben. Unsere Tochter würde es in den 1980er-Jahren an den Architekten Witter verkaufen, der unter anderem das Bergrestaurant und Berghotel Bastei in der Sächsischen Schweiz geplant hatte.

Blick von Oberloschwitz auf Dresden und
das Blaue Wunder

Zu Lebzeiten holte Tante Hannchen jeden Monat ihr Geld bei der Firma ab und das war nicht gerade wenig. Vater Beyer erzählte, sie habe beim Gehen einen anderen Gang gehabt als beim Kommen. Das lag wohl daran, dass sie sehr großzügig war und gern Geld verschenkte. So unterstützte sie viele Leute in Loschwitz finanziell. Regelmäßig ging sie mit der Leiterin des Loschwitzer Kindergartens Spielzeug für die Kleinen einkaufen. Sie förderte auch diverse Künstler, unter anderem den jungen Max Lorenz.

Da Hildes und meine Beziehung sich intensiviert hatte, war ich immer häufiger Gast im Hause und lernte die Gepflogenheiten der Familie von Mal zu Mal besser kennen.

Beide Häuser waren stets voller Musik und Leben. Tante Hannchen empfing in der Woche einige junge Musiker, die sie am Flügel begleitete, darunter auch einige große Namen.

Hildes Mutter war eine leidenschaftliche Theaterbesucherin und pflegte jedem Auftreten von Margarethe Siems beizuwohnen, sodass sie den Rosenkavalier etwa 150-mal gehört hatte – langweilig schien es ihr nie zu werden. In der Semperoper waren zwei Sitzplätze mehr als dreißig Jahre lang von unserer Familie belegt. Jedes Jahr fuhr Margarethe mit ihren zwei Töchtern zu den Bayreuther Festspielen, wo sie das musikalische Geschehen anhand mitgebrachter Partituren begeistert verfolgte. Die Aufführungen im Dritten Reich waren von höchster Qualität. Wilhelm Furtwängler und Richard Strauss dirigierten, die Elite der Sänger mit Größen wie Max Lorenz garantierte erstklassiges Niveau. Dass die drei nach den Konzerten den Heldentenor Max Lorenz treffen durften, war schon etwas ganz Besonderes.

Tante Gretel Siems war eine Kammersängerin und wirkte an den Uraufführungen der Opern *Elektra*, *Der Rosenkavalier* sowie *Ariadne auf Naxos* mit. Richard Strauss hatte die äußerst anspruchsvolle Rolle der Zerbinetta extra für Siems' Stimme komponiert. Die Rolle der Marschallin im *Rosenkavalier* blieb jedoch der größte Erfolg ihrer Karriere, die sie an viele deutsche und internationale Bühnen führte. Der Kammersänger Walter Soomer (der in der Metropolitan Opera in New York und den Bayreuther Festspielen auftrat) und die Hof- und Opernsängerin Annie Krull (mit Engagements in München, der Royal Opera *Covent Garden*, dem Deutschen Theater Prag und der Wiener Hofoper) verkehrten ebenfalls im Hause. Auch mit der ausgezeichneten Charlotte Basté war die Familie bekannt. Nennenswert ist außerdem Max Lorenz, mit dem Hildes Mutter, Hilde und ihre Schwester viel gemeinsam unternahmen.

Gretel Siems war Kammersängerin und wirkte an den Uraufführungen der Opern *Elektra, Der Rosenkavalier* sowie *Ariadne
auf Naxos* mit. Mit Widmung.

Die große Sängerin Sigrid Onégin schrieb begeistert über Hildes Bekannte: „Den richtigen Kopfklang konnte ich aber nur von einer Sängerin lernen, die selbst im Vollbesitz ihrer Stimme und Technik war. Das war damals die Schülerin der Orgeni, die unvergleichliche Margarete Siems, von deren Stimme und Technik ich schon bei der Uraufführung der *Ariadne auf Naxos* in Stuttgart hingerissen war. [...] Es war ja geradezu unglaublich, was diese Frau konnte! Gleich ihrer Kollegin Lilly Lehmann sang sie die *Königin der Nacht* ebenso wie die *Aida* und die *Isolde*. [...] Es ist einfach unerhört, was die Siems kann. Sie singt glatt das tiefe D und setzt mühelos das dreigestrichene A darauf."[17]

„Margarethe Siems wurde am 30. Dezember 1879 in Breslau geboren. 1899 kam Margarethe zu Aglaja Orgeni nach Dresden zur Gesangsausbildung. Bereits im Herbst 1902 wurde sie von dem bekannten Theaterdirektor Angelo Neumann auf sechs Jahre nach Prag verpflichtet. Ihre erste Rolle in Prag war die der Königin Margarethe in den *Hugenotten* von Meyerbeer. Darüber berichtete die Prager Zeitung: ‚Man muß diese junge Dame, die nie zuvor die Bühne betreten hatte, füglich als ein stimmliches Phänomen bezeichnen. Ihr heller, schmiegsamer Sopran besitzt entgegen sonstigen Coloraturstimmen in der Mittellage ein sehr ansehnliches Volumen und den vollen Klang und Glanz unverbrauchter Jugendfrische.'

1908 wurde sie als Nachfolgerin von Irene Abendroth an die Hofoper von Dresden verpflichtet, die sich schon während ihrer Prager Jahre außerordentlich für die Künstlerin interessiert hatte. Hier sang sie am 25. Januar 1909 in der Uraufführung der *Elektra* von Richard Strauss die Partie

17 Sigrid Onégin Leben und Werk.

der Chrysothemis, am 26. Januar 1911 die der Marschallin in der Uraufführung des *Rosenkavaliers*. Diese Rolle wurde zum größten Erfolg ihrer Laufbahn, sie kreierte sie noch an einigen anderen deutschen Bühnen und war 1913 auch Londons erste Marschallin. Als am 25. Oktober 1912 die Oper *Ariadne auf Naxos* von Richard Strauss im kleinen Haus der Stuttgarter Hofoper uraufgeführt wurde, verkörperte Margarethe Siems die Rolle der Zerbinetta, deren enorme stimmliche Anforderungen der Komponist in Hinblick auf ihre Stimme komponiert hatte.

Von Dresden aus gastierte sie an vielen bedeutenden Opernhäusern wie Berlin, München, Wien, London, St. Petersburg und Mailand. Sie pflegte enge Freundschaften mit vielen ihrer berühmten Kollegen, speziell mit Leo Slezak. Sie wurde die Patentante von dessen, später selbst als Sängerin bekannt gewordener Tochter Margarethe."[18]

Max Lorenz war der bedeutendste Wagnertenor seiner Zeit. Sein Siegfried machte ihn zum führenden Protagonisten auf der Festspielbühne in Hitlers Bayreuth.[19] „Lorenz debütierte 1927 an der Dresdner Staatsoper. Es folgten zahlreiche Gastspiele an vielen Opernhäusern in aller Welt. Parallel dazu sang er von 1933 bis 1954 bei den Richard-Wagner-Festspielen in Bayreuth, war von 1931 bis 1934 Mitglied der New Yorker Metropolitan Opera und von 1948 bis 1962 Mitglied der Wiener Staatsoper.

Lorenz war zwar homosexuell, aber seit 1932 mit Charlotte Appel, einer Jüdin, verheiratet. Seine Homosexualität war von den Nationalsozialisten zunächst stillschweigend geduldet worden. Als Lorenz jedoch wegen einer Affäre mit

---

[18] https://mugi.hfmt-hamburg.de
[19] www.3SAT.de: Wagners Meistersänger, Hitlers Siegfried.

einem jungen Mann vor Gericht gestellt wurde, teilte Adolf Hitler der damaligen Leiterin der Bayreuther Festspiele mit, Lorenz sei für die Festspiele untragbar geworden.

Wagner entgegnete ihm, in diesem Fall könne sie Bayreuth schließen, denn ohne Lorenz sei Bayreuth nicht zu machen. Nach dem Ende des Gerichtsverfahrens versicherte ihr Hitler, Lorenz dürfe auch künftig in Bayreuth auftreten, was er dann auch tat. Lorenz bestand darauf, sich mit seiner Frau in der Öffentlichkeit zu zeigen. Ein Verhalten, das von den Nationalsozialisten als Provokation empfunden wurde. Als SS-Leute während Lorenz' Abwesenheit seine Frau und seine Schwiegermutter aus der Wohnung abholen sollten, konnte dies im letzten Moment noch verhindert werden.

Als Reaktion auf diesen Vorfall befahl Göring mit einem Schreiben vom 21. März 1943 folgendes: Er forderte ausdrücklich, dass Lorenz unter seinem persönlichen Schutz stehe und dass jedes Vorgehen gegen Lorenz, dessen Frau oder deren Mutter zu unterbleiben war. Max Lorenz verwendete seine privilegierte Stellung im Dritten Reich offenbar dazu, neben seiner Frau auch etliche jüdische Freunde und Kollegen vor Verfolgung zu schützen."[20]

„Es gehört zu den berühmtesten Anekdoten aus dem Leben Adolf Hitlers, dass er als Jugendlicher nach einem Besuch von Richard Wagners Oper „Rienzi" in Linz beschlossen habe, Politiker zu werden. Die Authentizität dieser Erweckungsgeschichte wird zwar bezweifelt, was nichts am Faktum ändert, dass der Diktator ein glühender Verehrer und Kenner der Werke Wagners war. Diese Kenntnis war

---

[20] Wikipedia: Max Lorenz.

dem einfachen Gefreiten, gescheiterten Künstler und Popu-
listen eine Eintrittskarte in bildungsbürgerliche, elitäre
Kreise und doch war es mehr als ein Instrument. Hitler
liebte Wagner und sah sich wohl als geistesverwandt, als
ebenso genialen Visionär, der jedoch vom Gebiet der Kunst
auf jenes der Politik gewechselt sei. Die Erben des 1883
verstorbenen Komponisten liebten den „Führer" zurück:
teils aus Opportunismus, teils aus geistiger Verwandt-
schaft. Ab den 20ern hatte sich die völkische Ideologie in
Bayreuth nachhaltig eingenistet. Wagners Schwiegertoch-
ter Winifred war richtiggehend verliebt in ihren Duzfreund
Hitler, während die Enkel Wolfgang und Wieland ihn zärt-
lich „Onkel Wolf" nannten.

Der Wagner-Clan und der Diktator besonnten sich gegenseitig, doch das Verhältnis zwischen Wagners Werken und
Wirkung und dem Dritten Reich war komplexer, wie US-
Autor Alex Ross in seinem Buch „Die Welt nach Wagner"
ausführt. Der Wagnerkult der Nazis basiert mehr oder weniger auf einem privaten Spleen Hitlers, dem die Mehrheit
der NS-Kader und die Volksmasse verständnislos gegen-
überstanden. Berühmt sind die Episoden, als der erboste
Hitler bei den Nürnberger Parteitagen Funktionäre aus den
Weinkellern holen ließ, um die leeren Reihen bei den Wag-
ner-Aufführungen in der Oper aufzufüllen. Tatsächlich gingen die Aufführungszahlen von Wagners Opern während
der Naziherrschaft von 1930 bis 1940 um etwa die Hälfte
zurück. Ross: „Propagandaminister Joseph Goebbels
wusste, dass sich die Öffentlichkeit vor allem für Schlager,
Tanzmusik, Operetten und leichte Klassik interessierte.
Trotz der antiamerikanischen Propaganda war das Dritte
Reich in gewisser Weise eine faschistische Version der
amerikanischen Konsumgesellschaft, in der Massenkultur,

Sport und technologisches Spielzeug den Ton angaben." Ross ist überzeugt, dass die Nazis ein ideologisches Zerrbild Wagners anbeten mussten, dass den „multiplen Identitäten" des Komponisten nicht gerecht würde. Wagners letzte Oper, das Bühnenweihfestspiel „Parsifal" etwa passe überhaupt nicht zur Naziideologie und Nazigrößen wie Goebbels und Heinrich Himmler hätten das Stück am liebsten verboten."[21]

„Zu Beginn führte das Ungestüm des jungen Lorenz öfters fast zum Ende seiner Karriere. Bereits 1924 wurde Lorenz zur Arbeit mit dem Kapellmeister Karl Kittel nach Bayreuth eingeladen. Sowohl seine körperliche Erscheinung als auch die kraftvolle Stimmführung entsprachen eigentlich dem von Cosima Wagner bevorzugten Typ des Wagner-Helden; doch die Stimme hielt der ihr vom Sänger aufgelegten Belastung gerade eine Woche stand, so dass Lorenz deprimiert nach Berlin zurückkehrte, ohne überhaupt aufgetreten zu sein. Es dauerte lange, bis seine Stimme halbwegs wiederhergestellt war, und auch ein vielleicht verfrühtes Vorsingen an der Berliner Staatsoper wurde zum völligen Misserfolg. Lorenz trug sich mit dem Gedanken, die Karriere aufzugeben. Sein Lehrer jedoch kannte die Stärken des Schülers und hatte ihn ohne dessen Wissen bei einem Gesangswettbewerb angemeldet. Hier zeigte sich 1926 zum ersten Mal öffentlich ein Phänomen, dass typisch für Max Lorenz war: Immer wieder gelang es ihm später, durch die völlige Identifikation mit seinen Rollen und künstlerisches Wollen seine Mängel aus dem Moment heraus zu bezwingen. So auch hier: Mit weitem Abstand der Jurystimmen

---

[21] Hitler und Wagner: Ein Missverständnis, Kleine Zeitung 2021.

wurde er zum Sieger erklärt und erhielt in der Folge ein Engagement an der Staatsoper in Dresden als lyrischer Tenor. Auch in Dresden war seine Karriere gefährdet: Die Bemerkung des Regisseurs während der Proben zu seiner ersten Aufführung, wer so unbegabt sei, müsse eigentlich in Meißen anfangen, stürzte Lorenz abermals in eine künstlerische Krise. Einen entscheidenden Erfolg in dieser Situation erzielte er abermals außerhalb des Opernhauses: Lorenz sang 1927 die Tenorpartie in der Dresdner Uraufführung des „Psalmus Hungaricus" von Zoltán Kodály und errang einen entscheidenden Erfolg nicht nur für sich, sondern auch für das anspruchsvolle Werk. Kurz darauf beeindruckte er mit Wagner-Fragmenten in einem Konzert der Dresdner Philharmoniker unter Musikdirektor Eduard Mörike (1877–1929). Nun wurden ihm auch in seinem Haus, dessen Mitglied er bis 1937 bleiben sollte, allmählich die schwereren heldischen und musikalisch fordernden Rollen übertragen, die aus gutem Grund solch vergleichsweise jungen Sängern im Allgemeinen vorenthalten werden.

Auch auf Festspielbühnen und im internationalen Betrieb entwickelte sich allmählich eine beachtliche Karriere. Nach Erfolgen bei der Zoppoter Waldoper 1930 erreichte ihn ein Angebot der New Yorker Metropolitan Opera, wo er von 1931 bis 1934 sang. Im direkten Vergleich mit Lauritz Melchior blieb Lorenz jedoch umstritten – seine dramatischen Qualitäten kamen in dem riesigen Haus und darüber hinaus bei einem Publikum, das wenig Deutsch verstand, kaum zum Tragen, und Material und Technik Melchiors beeindruckten in diesem Umfeld mehr. An der Pariser Grand Opéra, dem Teatro Colón in Buenos Aires und der Mailänder Scala erwiesen sich die Verhältnisse als günstiger. Gastspiele im Ausland blieben jedoch Episode, denn im deutschsprachigen Raum wurde Max Lorenz bald zur allgegenwärtigen Größe."[22]

Beim Besuch einer Probe, an dem Hilde teilnahm, kam Max mit hochgekrempelten Ärmeln in den Konzertsaal, ging schnellen Schrittes am Orchester vorbei zum Dirigenten. Max war bereits der einzigartige, heiß geliebte, unbestrittene Heldentenor seiner Zeit.

„Heute kommt unser Freund Lorenz zur Probe", kündigte der Dirigent Max an.

Dieser begrüßte den Dirigenten mit Handschlag, das Orchester mit einem wohlwollenden Wink.

Der Dirigent schlug vor: „Lieber Lorenz, können wir heute mit dem Preislied anfangen?"[23]

Max antwortete mit einem lauten, sehr ausdrucksstarken „Jawoll!" und er und das Orchester legten los.

[Anmerkung: Auf YouTube findet man den Film Max Lorenz Documentary, in dem unter anderem René Kollo und Dietrich Fischer-Dieskau – einer der bekanntesten Lied- und Opernsänger des 20. Jahrhunderts – voll des Lobes von Max Lorenz erzählen. In diesem Film sind Szenen, in denen Max zu sehen ist. „Sicherlich war er die Nummer eins in seinem Fach, das ist gar keine Frage", sagt René Kollo über Lorenz. Und Fischer-Dieskau: „Heute ist weit und breit nichts zu finden, was dem entspräche."]

---

[22] https://www.rheinische-geschichte.lvr.de
[23] Das Preislied mit Max findet man auf YouTube.

Max Lorenz – Heldentenor und guter Freund der Familie –
mit Tante Hannchen (Johanna Bernhardt) auf ihrem
Grundstück in Dresden-Oberloschwitz, Oeserstraße

Am Tag nach der Probe traf ich Hilde mit ihren zwei Hunden am Dressurplatz an der Hochuferstraße und verabredete mit ihr einen Kinobesuch, dem bald weitere folgten. Hilde war eine begeisterte und ausgezeichnete Reiterin. Ihre Leidenschaft waren ihre Tiere, um die sie sich herzlichst kümmerte. Sie hatte ein Händchen dafür.

Tags darauf unterhielten wir uns über Musik und Hilde erzählte von Max Lorenz und Gretel Siems. „Für mich ist Musik mein Leben", schilderte sie lebhaft. „Ich bin so dankbar, dass ich mit all diesen interessanten Menschen zusammen sein darf."

Auch hier hatten wir wieder einen Bezugspunkt. „Ich habe mich mein Leben lang für Kunst und Musik interessiert", rief ich begeistert. „Als Junge habe ich Geigen- und Klavierunterricht gehabt."

Sie lachte. „Meine Schwester Mäusel hat Klavier studiert und ich habe meine pianistische Ausbildung bei dem früheren Kammervirtuosen Ernst Münch gehabt. Seitdem sitze ich regelmäßig und viele Stunden in der Woche am Klavier."

„Das gibt es doch nicht!", entfuhr es mir. Münch hatte mehrere Jahre direkt meiner Wohnung gegenüber gewohnt! Wir konnten es beide nicht fassen, dass wir jahrelang auf der gleichen Straße gegangen, uns aber niemals über den Weg gelaufen waren. Wir mussten uns immer verpasst haben.

Unsere Hochzeit feierten wir am 25. September. Das Datum war zugleich auch Hildes Geburtstag. Am Vortag waren mein Vater und meine Schwester Marthel angereist, außerdem auch Gretel Siems. Strahlende, milde Herbstsonne be-

grüßte unseren Hochzeitstag. Nach einem fröhlichen Frühstück zog ich mich in meiner Wohnung um und mittags
holte mich der Wagen ab und brachte mich ins Brauthaus.

Hilde erwartete mich im weißen Hochzeitskleid im Salon
und mir blieb der Mund beinahe offenstehen, als ich sie erblickte. Gott hatte Großes an mir getan. Die Hochzeitsgäste
versammelten sich in der schönen Loschwitzer Barockkir-
che. Im Hochzeitswagen fuhren mit uns mein Patenjunge
Christoph Drescher und unser Neffe Steffen Papsdorf,[24]
beide weiß gekleidet, die uns in der Kirche Blumen streu-
ten. Als wir bei strahlendem Sonnenschein über die
Loschwitzer Brücke (das Blaue Wunder) fuhren, setzte das
Geläut der Kirchenglocken ein. Dieser Moment bescherte
uns beiden eine Gänsehaut. Wir sahen uns an und wussten,
dass wir uns immer freudig an diesen Tag erinnern würden. Den kurzen Augenblick, der uns vor der Trauung noch
blieb, genossen wir in vollen Zügen. Nur Hilde und ich. Wir
hielten uns an den Händen und versuchten, unsere Aufregung zu zähmen, denn unser beider Herzen klopften wie
wild.

Dann war es so weit. Viele Bekannte waren erschienen
und erwarteten uns schon vor der Kirche. Sie begrüßten
uns mit Jubel, als wir aus dem Wagen stiegen und in die Kirche schritten. Pfarrer Michael sprach ausgezeichnet. Gerne
denke ich an jenen Tag zurück, als ich meine Hilde zur Frau
nahm und sie für immer an meiner Seite wusste.

Nach der Trauung fuhren wir zurück in die Wohnung.
Wir staunten nicht schlecht, als wir sie in einem mit Blu-

---

[24] Steffen war 1974 bis 1976 Kommandant auf der Fregatte
Emden bei der Bundesmarine.

men prächtig geschmückten Zustand vorfanden. Dort nahmen wir unsere Geschenke entgegen und freuten uns über die reichen Hochzeitsgaben.

Das erlesene Festmahl an herrlich geschmückter Tafel wurde durch Ansprachen und selbst verfasste Gedichte gewürzt. Unsere Freunde und Verwandten bemühten sich alle redlich, uns mit warmen Worten und herzlichen Glückwünschen zu bedenken. Nach dem Essen erfreute uns Helga Kolbe mit einigen herrlichen Liedvorträgen. Die Feier war wundervoll und all unsere Gäste amüsierten sich sichtlich. In Erinnerung bleibt mir vor allem ein Gespräch mit Pfarrer Michael, bei dem ich das Gespräch auf den Umgang der Kirche mit Humor lenkte.

„Für die christliche Kirche sind Lachen und Humor seither schwierige Themen. Die Texte des neuen Testaments sprechen nie von einem lachenden Jesus – schwer vorstellbar bei dem, was man sonst so über ihn geschrieben hat: Er mochte Gastmähler, schätzte offenbar Frauen und verkündigte eine von der damaligen gültigen Staatsreligion leicht abweichende Version, ließ sich von einer Sünderin die Füße mit Öl salben … und bei allem, was so von und über Jesus überliefert ist, gehört Lachen nicht dazu." Dem musste der Pfarrer schweren Herzens beipflichten.

Dieser Tag blieb allen lange unvergessen. Nur zu bald schlug dann die Abschiedsstunde und unsere Gäste verabschiedeten sich. Nach einer kurzen Nacht entführte uns der Wagen zum Hauptbahnhof – die Hochzeitsreise stand an, auf die wir uns schon seit Wochen freuten.

Unser erstes Ziel war München. Nach einigen Tagen fuhren wir bei prächtigem Wetter über Innsbruck, den Brenner und durch das deutsche Südtirol nach Torbole am Gardasee. In Limone pflückten wir Apfelsinen und Zitronen, herrliche Segelfahrten führten uns nach Riva und Malcesine. Endlich erreichten wir zuletzt nach einer Fahrt um den See Verona mit seinen vielen Sehenswürdigkeiten. Auf der Rückfahrt hielten wir uns im geliebten Bozen einige Tage auf, besuchten Meran und tranken Terlaner. Hier trafen wir Sanitätsrat Dr. Engert und Frau aus Dachau, mit denen wir bei trefflichem Asti Spumante frohe Stunden verbrachten, nachdem wir nachmittags mit ihnen die Virglwarte besucht und dort gut eingekehrt waren. Während unserer Rückfahrt erzählte ich Hilde von unseren früheren Reisen nach Tirol mit Vater und Erich. Das alte, gemütliche Innsbruck spann uns wieder in seinen Zauber ein. Nachdem wir in München einige Tage geblieben waren, kehrten wir nach Hause zurück, von allen Lieben froh begrüßt.

Hildes Wanderer Cabriolet vor der Talstation
der Schwebebahn in Loschwitz

Hauskauf in Moritzburg
1938

Im Frühjahr 1938 wurde ich nachts alarmiert und musste am Einmarsch in Österreich teilnehmen.

Antonio J. Munoz schreibt in *The German Secret Field Police in Greece*: „[...] Es handelte sich dabei um die Gruppe Geheime Feldpolizei 540, die aus dreißig Mann unter dem Kommando von Oberregierungsrat Dr. Hultsch bestand. Sie nahm am ‚Anschluss' – der deutschen Aufnahme Österreichs in das Reich Anfang 1938 – teil. Mitglieder der GFP in Österreich wurden zur Verhaftung bekannter Nazi-Gegner eingesetzt und halfen, Hitlers Leben zu schützen, als dieser am 15. März 1938 in Wien eintraf." Die Führung der Geheimen Feldpolizei (GFP) lag bis 1944 in den Händen der Abwehr beim Oberkommando der Wehrmacht.

Am 11. März 1938 hatte der Reichskanzler für den folgenden Morgen um 02.30 Uhr den Einmarsch von schwer bewaffneten Wehrmachtseinheiten in Österreich angeordnet. Lange zwei Stunden später landete der Reichsführer SS und Chef der deutschen Polizei, Heinrich Himmler, mit einer Sondermaschine auf dem Wiener Flughafen. Seine Aufgabe war, sofort die Übernahme der Macht in Österreich durch systematischen Terror gegen potenzielle Gegner abzusichern.[25] Zu dieser Zeit war Himmler Chef der Deutschen Polizei im Reichsministerium des Inneren, aber nicht Chef der GFP.

---

[25] Welt Geschichte: So inszenierte Hitler seinen Triumphzug nach Wien, 2018.

In den Morgenstunden des 12. März 1938 marschierten deutsche Heerestruppen in Richtung Salzburg, Linz und Innsbruck. Blumenschmuck und Fahnen auf den Militärfahrzeugen sollten zeigen, dass dies eine Wiedervereinigung nach langen Jahren deutscher Trennung und kein Eroberungsfeldzug war. Dieses Zeichen wurde auch so verstanden.

Die österreichische Bevölkerung beiderseits der Straßen reagierte erst freundlich, dann mit steigender Begeisterung. Es gab Umarmungen, die Menschen winkten und schüttelten sich die Hände. Dabei flossen Freudentränen und Fahnen wurden geschwenkt. Der Bundeskanzler Seyß-Inquart, der kein Freund des Einmarsches war, schlug vor, auch österreichische Truppen ins Deutsche Reich zu schicken, um aller Welt zu zeigen, dass sich hier eine freiwillige Vereinigung vollzog und keine einseitige Eroberung. Am Tag darauf marschierten österreichische Truppen nach München, Dresden, Stuttgart und Berlin.[26] Die für den 10. April angesetzte Volksabstimmung wurde zur Bestätigung für die, die einen Anschluss wollten. Von 4.284 Millionen Wählern stimmten 4.273 Millionen für die Wiedervereinigung Österreichs und Deutschlands.

Bereits nach acht Tagen konnte ich wieder nach Hause zurückkehren. Der Sommer brachte uns einen herrlichen Aufenthalt in Göhren auf Rügen. Hilde und ich waren ein eingespieltes Team und wir wuchsen immer mehr zusammen. Sobald ich Zeit mit ihr verbrachte, konnte ich alle Probleme um mich herum vergessen, sie war mein Ruhe-

---

[26] IMT-Verhandlungen, Band XV, S. 664 ff.

pol. Auf dem Weg nach Rügen wollte sie unbedingt den Wagen steuern und da ich ihr nie einen Wunsch abschlagen konnte, ließ ich sie.

Im *Seestern* fanden wir eine gute Unterkunft und hatten einen wundervollen Aufenthalt auf der Insel. Einen schönen Tag verbrachten wir auf einer Autofahrt quer über Rügen nach Arkona. Dort sahen wir uns das Schulschießen unserer Flotte an – das einzige Zeichen dafür, dass außerhalb unseres Urlaubsidylls die Stimmung angespannt war.

Kurz vor unserer Rückkehr zog ein Gewitter am politischen Himmel Deutschlands auf und im Oktober 1938 marschierte das Deutsche Heer in die Tschechoslowakei ein. Als mich diese Nachricht erreichte, ahnte ich Schlimmes. Das drohende Unheil aus der Ferne rückte immer näher. Aber es vermochte nicht, unser familiäres Glück zu überschatten, was mich so ergriff, dass ich dem politischen Tagesgeschehen kaum Beachtung schenkte.

Eines Tages eröffnete mir Hilde mit feuchten Augen: „Ich bin schwanger." Was für eine Freude sie mir mit dieser Nachricht bereitete, kann ich kaum in Worte fassen. Sprachlos blickte ich sie mit großen und fassungslosen Augen an. Ich hätte nie gedacht, dass ich einmal Vater werden würde – in diesem Alter und dazu an der Seite einer so schönen Frau. Jeder aus der Familie und alle Freunde freuten sich mit uns und waren gespannt auf unseren Nachwuchs. Meine Aufregung stieg zum Ende hin ins Unermessliche, Hilde hingegen schien die Ruhe selbst zu sein. Die Monate der Schwangerschaft vergingen wie im Flug.

So kam am 24. Februar 1939 unser geliebter Christian in unserer Wohnung zur Welt. Hilde war sehr tapfer und ich bewunderte ihre Stärke. Die Hebamme, Frau Hedwig Ufer, die Frau von Professor Ufer, und Dr. Winkelmann leisteten vortreffliche Hilfe. Unsere Freude und Dankbarkeit für ihre Unterstützung waren unsagbar groß.

Nun hielten wir unseren ersten, gesunden Sohn in den Armen und konnten unser Glück kaum fassen. Wir genossen die ersten Tage nach der Geburt sehr, die von innigen Momenten und familiärer Eintracht geprägt waren, bevor der Alltag uns wieder einholte. Am 10. Juni feierten wir dann die Taufe in der Loschwitzer Kirche George Bährs. Hedwig Ufer sollte später auch unsere Kinder Wolfgang und Gisela in der Comeniusstraße gesund zur Welt bringen.

Ich plante, für meine Schwester Marthel ein Grundstück mit Land zu erwerben. Marthel war seit ihrer Ausbildung in der Schweiz; zur Garten- und Landwirtschaft hatte sie stets große Neigung besessen und auch die Auerbacher landwirtschaftliche Schule zwei Jahre lang besucht. Also prüfte ich verschiedene Angebote, verwarf sie wieder und prüfte erneut, bis ich schließlich das ideale Objekt gefunden hatte. Am 21. April 1939 kaufte ich für meinen Vater und Marthel ein Grundstück in Moritzburg. Das an der König-Albert-Allee 37 liegende, wohl um 1723 erbaute Haus mit der Holzverkleidung im ersten Stockwerk und dem tiefbraunen Dach gefiel uns auf den ersten Blick. Wegen des tief liegenden Kellers, des ersten seiner Art in Moritzburg, hieß es „das Kellerhaus".

Die Erzählung, August der Starke habe die Vollendung der breiten Lindenallee im Keller unseres Hauses gefeiert, wird wohl eine Sage sein. Sicher ist aber, dass das Haus die Wohnung eines Hofbeamten war, wofür unter anderem die Türknäufe sprechen.

Den Verbindungsbogen zwischen Haus und Stall und die darunterliegende Treppe hatte ich 1940 von unserem Bekannten, Architekt Rudolf Kolbe, herstellen lassen.

Im Erdgeschoss richteten wir zwei Zimmer behaglich ein. Rechts vom Flur, im Klavierzimmer, erhielt der Steinway-Flügel aus Loschwitz einen Ehrenplatz, umrahmt von mehreren schweren, großen Vasen, die einmal Geschenke des Zaren an Hildes Familie gewesen waren. Oft sollte Hilde in den Folgejahren auf diesem Flügel spielen, manchmal begleitet von einer Sängerin aus dem Bekanntenkreis.

Links vom Flur richtete ich mir mein Zimmer ein – ein Kachelofen in warmem Gelb neben gut gefüllten Bücherregalen und Bildern von Guhr und Schramm-Zittau verlieh dem Raum eine gemütliche und behagliche Stimmung. Auf dem schweren Schreibtisch thronte ein großes hölzernes Kruzifix zwischen allerlei anderen Dingen, etwa einer Eule aus Bronze, die einst eine Bücherstütze gewesen war, und einer geschnitzten Madonna. Im Zimmer roch es nach altem Holz und Papier.

Wir hatten alle Hände voll zu tun mit dem Neueinrichten des Hauses, der Bestellung der Felder und des Gartens. Verschiedene Obst- und Zierbäume wurden auf dem fast einen Hektar großen Grund, der bis zum Moritzburger Bahnhof reichte, gepflanzt.

Unser Haus in Moritzburg, Baujahr um 1723

August Winnig
1930er-Jahre

Wie an anderer Stelle erwähnt, hatte ich engen Kontakt zu den Leuten, die am 20. Juli 1944 das Attentat auf Hitler ausübten. Dienstlich hatte ich mit Olbricht, Oster, Fellgiebel, aber auch mit Dr. Goerdeler zu tun und darüber hinaus zum sogenannten Winnig-Kreis.

„Der Sozialdemokrat August Winnig hegte nach dem Ersten Weltkrieg Sympathien für den Nationalismus und unterstützte 1920 den Kapp-Putsch. Als völkischer Nationalist begrüßte er die Machtergreifung Hitlers. Danach, spätestens 1937, entwickelte er eine konservative, christliche Grundhaltung. Er hatte Kontakte zum Widerstand und gehörte nach 1945 zu den Gründern der CDU Niedersachsen. Während der Zeit des Nationalsozialismus wandelte sich Winnig vom national denkenden Sozialisten zum Vertreter einer christlich-konservativen, am Gedanken einer europäischen Kooperation orientierten Grundhaltung, was ihn in die Nähe von Beteiligten am Attentat vom 20. Juli 1944 brachte, die in seinem Potsdamer Haus ein und aus gingen."[27] Winnig hatte Kontakt zum Generalstabschef des Heeres, Ludwig Beck.

In Winnigs Aufzeichnungen findet sich das Folgende:

„In meiner Nähe wohnte schon acht Jahre ein junger Mann, doch war er ein windiger Bruder, dessen gute Vorsätze immer wieder im Brandwein ertranken, sodass er keine bleibende Stelle gefunden hatte, um sich und seine Familie ordentlich zu versorgen. Da war es ihm gelungen, das Interesse Gregor Strassers auf sich zu lenken, der, seit

---

[27] https://de.wikipedia.org/wiki/August_Winnig

Goebbels ihn verraten hatte, ohne jungen Mann war. Dieser junge Mann war ihm gerade recht gekommen und so wurde er später Sekretär der nationalsozialistischen Reichstagsfraktion. Er berichtet mir, dass im Reichstag eine Abstimmung über eine Brüningsche Notverordnung bevorstände, die besonders wichtig zu nehmen sei, denn es gehe in diesem Fall um die Bauernhilfe. Ich hatte, als er mir dies durchs Telefon mitteilte, geantwortet, dass die Nationalsozialisten diesmal doch wohl nicht gegen Brüning stimmen können würden. Doch am Abend des gleichen Tages rief er wieder an, um mir zu sagen, dass die Fraktion beschlossen habe, gegen diese Verordnung zu stimmen.

Auf meine Frage, warum, antwortete er, dass die Propaganda der Nationalsozialisten erst jetzt bei den Bauern eindrang. Die Brüningsche Verordnung war wirklich gut und brachte den Bauern eine spürbare Hilfe. Die Nationalsozialisten hatten also ein großes Interesse daran, diese Verordnung außer Kraft zu setzen – denn wenn die Bauern wieder zu Atem kamen, war es mit den Erfolgen der Propaganda aus. So wurde die Brüningsche Notverordnung 1930 zu Fall gebracht.

Im Herbst 1931 fuhr ich nach Bayern und konnte alte Freundschaften auffrischen. Ich wohnte in Solln in einem Privathaus als Gast. Dort erhielt ich morgens einen Anruf aus Hitlers Sekretariat. Hitler ließ fragen, ob er mich um die Mittagszeit besuchen könnte. So kam er gegen zwölf Uhr an. Als er bei mir eintrat, wäre mir beinahe ein Ausdruck von Enttäuschung entfahren, doch konnte ich ihn noch unterdrücken. Ich sah ein männlich gekleidetes Wesen unter Mittelgröße, von missfarbener Haut, mit hervorquellenden blauen Augen in unterwürfiger Haltung auf mich zukommen. Ich ging ihm entgegen, bot ihm die Hand und er nahm sie, indem er sich tief über sie hinabbeugte. Er blickte mich scheu an und begann nach Worten zu tasten, die allmählich zu halben und danach zu ganzen Sätzen wurden.

Dabei wurde sein Blick freier und auch die Starre seiner Körperhaltung löste sich etwas. Doch blieb eine Befangenheit, die ihn zwang, fort und fort zu sprechen, um nicht aus dem Gleis zu geraten, wenn er sich einmal unterbrach. Da er um vier eine weitere Verabredung wahrzunehmen hatte, begleitete ich ihn zur Diele. Er fragte mich, ob er mich in Potsdam besuchen dürfe. Ich erwiderte: ‚Ihr Gefolgsmann, Herr Hitler, werde ich nicht, aber Ihr Besuch wird mir immer willkommen sein.‘"

Im Namen der Gleichschaltung waren Experten der NSDAP in die Verwaltungen eingetreten. Wenn nur diese Experten einigen Sachverstand mitgebracht hätten, oder wenn sie ohne Sachverstand und guten Willen wenigstens ehrliche Menschen gewesen wären und reine Hand gehalten hätten. Lumpenhunde saßen jetzt als Dirigenten in den Verbandskontoren. Was waren das für Menschen? Das waren die richtigen Parteigenossen, wo keiner dem anderen traute und jeder den anderen belauerte. Es war eine Welt ohne Vertrauen. Wie kann man darin leben?, fragte ich mich.

Gleiches galt für den Reichstag. Dieser Reichstag und alles, was er tat und beschloss, war nur eine Farce. Die Beseitigung unbequemer Personen wurde mehr und mehr zur Praxis. Wir erlebten die Geburt eines neuen Staates, den nicht mehr der Gemeinsinn, sondern die Furcht zusammenhielt. Seine Vorbilder waren in der deutschen Geschichte nicht zu finden, wohl aber im späten Rom, in der antiken Tyrannis und zeitlich um vieles näher im Bereich des Islam. Das Land entvölkerte sich und im Bereich der Industrie strömten die Menschen zusammen, die bei der nächsten Krise auf der Straße lagen. Die Landflucht hatte zugenommen. Wir mussten möglichst krisenfest werden und konnten es nur durch eine gewaltige Stärkung des Binnenmarktes.

Das aber war ein langer Weg. Es ging nicht so schnell wie die Beseitigung der Arbeitslosigkeit, die wir als eine Wundertat bestaunten. Was ich empfohlen hatte, hätte fünf bis sieben Jahre erfordert, aber damit hätten wir einen tragfähigen Grund geschaffen. Denn die Rüstungskonjunktur endete in fünf bis sieben Jahren, das entweder mit Stilllegung der Betriebe oder mit dem Krieg.

Der Aufrüstung waren Grenzen gesetzt. Rohstoffmäßig brauchten wir das Ausland, aber das Ausland wollte bezahlt werden. Je mehr Arbeitskräfte und Material wir für die Rüstung aufwanden, desto mehr schrumpfte die Produktion. Wir hatten wundervolle Schränke für Medikamente und Instrumente, aber es war nichts darin. Wir hatten riesige Lager für Bekleidung und Verpflegung, aber sie waren alle leer.

War das Staatsoberhaupt ein normaler Mensch und auf seine Aufgabe hin erzogen, so konnte man mit einiger Einsicht in die Gesamtlage voraussehen, was er vorhatte … Das war bei Hitler jedoch unmöglich. Dieser Mensch lebte nur in einer Welt, die in seinem Kopfe existierte. Man konnte sich nicht in seine Welt hineindenken. Ein Beispiel: Er hatte einen dicken Bericht aus England, ein regulärer Botschaftsbericht mit Beigaben und Anlagen, aus dem man eigentlich viel lernen konnte. Ich sprach ihn darauf an. Hitler knallte erst mit der Faust auf den Tisch, dann warf er den Bericht hinter sich auf den Fußboden und sagte: „Diese Narren.

Diese Idioten. Tragen da einen Wust von Statistik zusammen und wollen mich über Produktion und Handel unterrichten. Was soll das? Ich will etwas anderes wissen. Ich will wissen, wer ist zu haben und was kostet er? Was hat der Lump für Passionen und wie kann man ihn fassen? Darauf kommt es in der Politik an. Das wissen aber die Herren Diplomaten nicht. Sie sind insgesamt Idioten. Je mehr Schule, desto dümmer."

Dahin waren wir gekommen, dass er ein besessener Herr eines großen Volkes geworden war und sich vor Augen aller anschickte, die Welt in Brand zu setzen.

Im Gefängnis in der Waisenstraße saß zu der Zeit ein Major der Potsdamer Polizei. Seine Frau hatte eine Pensionsfreundin ins Haus genommen, die in widrige Verhältnisse gekommen war und sich in dieser Zuflucht auf einen Beruf vorbereiten wollte.

Eines Mittags kam der Mann vom Dienst und hörte auf der Diele den auf laut gestellten Radioempfänger, aus dem eine Rede tönte. Missmutig rief er: „Stellt das Ding ab, ich will diesen Quatsch nicht hören!" Was da tönte, war die Rede Goebbels. Das Frauenzimmer zeigte den Major an, er wurde festgenommen und im Gerichtsverfahren zu drei Monaten Haft und zur Dienstentlassung verurteilt.

Ich war vor drei Monaten auf einer Reise in Schlesien gewesen und besuchte dort ein paar Corpsbrüder. Ich war schon etwa eine Woche bei einem Freund zu Gast, als dieser eine Vorladung vor die Geheime Staatspolizei erhielt. Dergleichen konnte einen unruhig machen, aber ihn berührte es nicht.

„Es kann doch nur ein Irrtum oder Unsinn sein", sagte er, als er morgens abfuhr. Bis zum Mittag war er nicht wieder zurück. Wir warteten mit dem Essen. Nach einer Stunde sagte der Diener: „Der Herr müsste längst zurück sein, denn sein Wagen steht schon wieder in der Garage."

Was hatte sich da nur zugetragen? Sein fünfzehnjähriger Sohn hatte ihn angezeigt. Es ging um Äußerungen gegen Hitler, die er bei den Mahlzeiten kundgetan hatte. Er wollte nicht mehr in dieser Welt leben und hatte seiner Frau einen Brief geschrieben, war in den Wald gegangen und hatte sich erschossen.

Der Sohn leugnete es nicht, er gab alles zu, was in dem Brief des Vaters stand, und sagte, es sei seine Pflicht gewesen und sein Vater sei als Feigling gestorben, weil er seiner verdienten Strafe ausgewichen sei. Jetzt war der Sohn in einer nationalpolitischen Schule untergebracht und wurde dort auf seinen künftigen Beruf vorbereitet. Vermutlich hatte er eine große Karriere vor sich.

Neben den Aktionen der Partei und Gestapo und dem nie aussetzenden Druck der Nötigungen in den behördlichen Bereichen vollzog sich eine Entchristlichung der Schule und der Tagespresse. Die Zahl der Kirchenaustritte und der ungetauften sowie unehelichen Kinder ließ eine Abkehr von der Kirche erkennen. Dem entsprach die sittliche Verwahrlosung der Jugend und die Lieblosigkeit, deren Zeugnissen man auch unter Menschen begegnete, wo man sie nicht vermutet hätte.

Vieles sprach dafür, dass Hitler bereit und entschlossen war, im Herbst 1938 den Schlag gegen die Tschechoslowakei zu führen. Im Sommer lasen wir Meldungen von feindseligen Akten und zunehmenden Ausschreitungen der Tschechen gegen die Sudetendeutschen. Anfang September nahm General Beck den Abschied, auch Schacht trat um diese Zeit zurück.

Ich hörte zum ersten Mal von Morden an Insassen von Heil- und Pflegeanstalten. Wir töteten Kranke gegen ihren Willen und gegen den Willen ihrer Angehörigen. Ich hatte einmal beobachtet, wie Störche über einen zurückgebliebenen Storch herfielen und ihm mit Schnabelhieben zusetzten. Es war ein grausamer Anblick, wie sie auf das erschöpfte und wehrlose Tier einhackten, das bald wie ein Sack zur Erde fiel.

So handelten diese Tiere und sie handelten nur nach ihrem Instinkt, der den Schwächling nicht dulden wollte. Wenn aber der Mensch so verfährt, so ist es zwar dasselbe, aber er wird dadurch auch zum Tier und gibt preis, was ihn über das Tier erhebt. Dies war wohl das Schlimmste am Nationalsozialismus, dass er den Menschen nicht höher führte, sondern ihn vielmehr erniedrigte."[28]

---

[28] August Winnig: *Aus zwanzig Jahren.*

Widerstand
1934–1945

1946 wurde mir der „Nachweis meiner antifaschistischen Tätigkeit" bescheinigt. Der Sonderausschuss des Blocks der antifaschistisch-demokratischen Parteien in Sachsen bestätigte:

„Sie standen in enger Verbindung mit den Leuten, die am 20.7.44 das Attentat auf Hitler durchführten. Sie unterließen es, beim Militär eine Meldung wegen Zersetzung der Wehrkraft weiterzugeben. Durch persönliche Dienste gelang es Ihnen, für ehemalige SPD-Angehörige einen Freispruch vor Gericht zu erzielen. Wegen Ihrer bekannten antifaschistischen Tätigkeit wurde von Berlin aus Ihre Entfernung aus dem Polizeidienst verlangt. Wo Sie nur konnten, setzten Sie sich für Menschen ein, die durch den Nazismus zu leiden hatten, verfolgt wurden oder wegen ihrer politischen Vergangenheit geächtet waren. Niemals nahmen Sie Rücksicht auf Ihre eigene Person und durch Ihre antifaschistischen Handlungen waren Sie in hohem Maße der Gefahr ausgesetzt, in ein KZ abgeführt zu werden."

Wie es dazu kam, möchte ich in diesem Kapitel schildern.

1933 heißt es in einem Zeitungsartikel: „Meldung aus Dresden über die Besetzung der Leitung des Geheimen Staatspolizeiamtes mit dem SS-Oberführer Schlegel. Außerdem werden der Regierungsrat beim Polizeipräsidium Dresden, Dr. Hultsch, und der Kriminalrat beim Polizeipräsidium Dresden, Vogel, unter Ernennung zum Oberregierungsrat zum Geheimen Staatspolizeiamt versetzt."[29]

---

[29] Artikel vom 30.09.1933 in *Der Freiheitskampf.*

1934 hielt ich auf einer hochrangig besetzten Tagung von Reichswehr, Polizei und Wirtschaft einen Vortrag zum Thema *Spionageabwehr vom Standpunkt der Geheimen Staatspolizei.*[30]

1934 wurde ich dann durch Himmler persönlich aus dem Polizeidienst entfernt und war bei der Kreishauptmannschaft (heute Regierungsbezirk) Dresden bis zu deren Auflösung durch den ehemaligen Reichsstatthalter Mutschmann tätig.

Wer in diesen Tagen nicht zu Himmler stand, wurde kurzerhand „entfernt".

„In den ersten Jahren der NS-Herrschaft war der Machtkampf um die Leitung der politischen Polizei im Reich noch nicht entschieden. Von 1933 bis 1936 kam es zu Rivalitäten bezüglich der Umstrukturierung und Leitung der Polizeieinheiten, vor allem zwischen Hermann Göring, Heinrich Himmler und Reichsinnenminister Wilhelm Frick. Am 1. April 1934 wurde Diels als preußischer Gestapo-Chef entlassen und am 20. April 1934 wurde Heinrich Himmler Inspekteur und stellvertretender Chef der Gestapo, tatsächlich hatte er aber schon die Befehlsgewalt. Ab diesem Zeitpunkt entwickelte sich die Gestapo zu einer flächendeckenden Großorganisation zur Bespitzelung der Bevölkerung und Ausschaltung von Regimegegnern."[31]

Seit 1934 gehörte ich der Widerstandsbewegung an. Unsere Warnungen an England (Lord Vansittart) vor Hitler waren vergeblich. Man sagte in englischen Kreisen: „Was will uns schon der junge Mann tun? Der läuft sich selber tot, mit dem werden wir schon fertig." Fertig wurde man

---

[30] Bundesarchiv, ZA VI 1819, Akte 15.
[31] Wikipedia: Gestapo.

schließlich mit ihm, aber ein Meer von Blut und Tränen wurde dabei vergossen und die Wunden der beteiligten Völker sind heute noch nicht verheilt.

Ich pflegte Kontakte zu Dr. Goerdeler und den Generälen Olbricht, Oster, Fellgiebel und anderen, die später ermordet wurden.

Goerdeler war einer der führenden Köpfe im zivilen Widerstand. Er reiste durch die Staaten der Westmächte, um vor dem Nationalsozialismus zu warnen. Goerdeler besuchte Prinz Ernst Heinrich in Moritzburg, zu dem ich engen Kontakt hielt.

Oster war gebürtiger Dresdner und, genau wie ich, bei der Abwehr. Mein Vorgesetzter Meißner hatte wiederum dienstlich viel mit Admiral Canaris zu tun – und die Abwehr war nicht groß.

„General Olbricht hielt sich zu der besagten Zeit in Dresden auf und hatte dort mit Oster Kontakt. 1940 wurde Olbricht zum Amtschef des Allgemeinen Heeresamts im Oberkommando des Heers befördert und besetzte damit eine Schlüsselposition in der Wehrmacht. Hier gewann er Einblicke in die politische und militärische Lage und erkannte die Aussichtslosigkeit, in der sich das Deutsche Reich befand. Mit Erreichen dieser Spitzenposition konnte er Pläne für eine Zusammenfassung der verschiedenen Oppositionsgruppen innerhalb und außerhalb der Wehrmacht in Angriff nehmen. Dabei knüpfte Olbricht enge Kontakte zu Persönlichkeiten verschiedenster oppositioneller Gruppierungen, wie Repräsentanten der inzwischen verbotenen Parteien und Gewerkschaften, sowie zu Vertretern der Wirtschaft, der Justiz und der Beamtenschaft. Da ein erfolgreicher Staatsstreich nur von der Wehrmacht unternommen werden konnte, konzentrierte sich seine Arbeit auf das Finden und Zusammenführen von oppositionellen Militärs in der Wehrmacht. Zu diesen gehörten neben der ehemaligen Gruppierung um Generaloberst Beck, Mitglieder der Abwehr, deren Leiter Admiral Wilhelm Canaris und Oberst Hans Oster, als auch Angehörige der Potsdamer Garnison, wie Oberst Henning von Tresckow."[32]

General Fellgiebel war Inspekteur der Nachrichtengruppe, die unter anderem für das Abhören der feindlichen Truppen verantwortlich war. Die Nachrichtengruppe war eine Schnittstelle zum Bereich Abwehr III-F, dem ich angehörte.

„Das Bild vom Widerstand Deutscher gegen Hitler und sein Regime während des Krieges ist vielfältig. Einige tausend Menschen boten dem Regime mutig die Stirn. In der deutschen Bevölkerung bildeten sie freilich eine verschwindende Minderheit.

Nach Hitlers Machtübernahme 1933 gelang es den Nationalsozialisten mit brutalen Methoden sehr bald, die politischen Gegner in Deutschland ‚auszuschalten'. Andersdenkende wurden auf verschiedene Weise mundtot gemacht. Gleichzeitig bescherten Erfolge in der Wirtschafts- und Außenpolitik dem NS-Regime breiten Rückhalt in der deutschen Bevölkerung. Auch die konservativen Eliten sahen im Nationalsozialismus eher einen Bundesgenossen im Kampf gegen Sozialismus und Kommunismus. Die Gewalttätigkeit des Regimes, die staatliche Verfolgung der deutschen Juden, der anderen Minderheiten sowie die Drangsalierung der christlichen Kirchen erregten deshalb selten offenen Widerspruch.

---

[32] https://saebi.isgv.de/biografie/Friedrich_Olbricht

Auch aus der Wehrmacht kam wenig Kritik am National-sozialismus. Das Militär profitierte enorm von Hitlers Auf-rüstungspolitik und trug dessen aggressive Außenpolitik jahrelang bereitwillig mit. Diese Eintracht wurde Anfang 1938 gestört, als Hitler den Reichskriegsminister sowie den Oberbefehlshaber des Heeres unter fragwürdigen Um-ständen entließ, nachdem sie vorsichtig Einwände gegen seine Außenpolitik erhoben hatten. Aber erst der gefährli-che Kriegskurs, den Hitler fast gleichzeitig mit der Anne-xion Österreichs und gegenüber der Tschechoslowakei ein-schlug, führte zu ernsthaftem Widerspruch, wenigstens in Teilen der Militärführung. Vergebens versuchte der Gene-ralstabschef des Heeres, Ludwig Beck, Hitler zum Einlen-ken und die Generalität zum gemeinsamen Protest zu be-wegen. Als Beck deshalb im August 1938 zurücktrat, hin-terließ er in Berlin einen kleinen Kreis gleichgesinnter Of-fiziere aus dem Generalstab des Heeres und dem militäri-schen Nachrichtendienst, der ‚Abwehr‘. Diese Keimzelle ei-ner Militäropposition knüpfte bald Verbindung zu Regime-kritikern in anderen Teilen des Staatsapparates, vor allem im Auswärtigen Amt. Als sich im September 1938 die Sude-tenkrise verschärfte, entstand hieraus eine erste Ver-schwörung zum Sturz des NS-Regimes. Ihr Motor war Oberstleutnant Hans Oster aus der ‚Abwehr‘. Er hatte die Unterstützung von Becks Nachfolger, Franz Halder, sowie des Befehlshabers im Berliner Wehrkreis, Erwin von Witz-leben. Zum Staatsstreich kam es dennoch nicht; den Ver-schwörern fehlte ein Auslöser, als Hitler seine Ziele in der Sudetenkrise ohne Krieg erreichte.

Nach Hitlers neuem außenpolitischem Triumph gaben die Verschwörer ihre Pläne vorerst auf. Ein Regime zu stür-zen, das mehr Rückhalt denn je in der Bevölkerung besaß, erschien aussichtslos. Diese Einschätzung lähmte die Militäropposition bis weit in den Krieg hinein. Die anfangs erfolgreiche deutsche Kriegführung ließ Gefolgschaft für einen Staatsstreich gerade in der Wehrmacht nicht erwarten. Eine neue Initiative, die im Herbst 1939 eine Ausweitung des Krieges verhindern wollte, scheiterte daher bereits im Ansatz. Oster ging deshalb so weit, die deutschen Angriffsabsichten im Westen an das Ausland zu verraten.

Mit dem deutschen Angriff auf die Sowjetunion im Juni 1941 erhielt die Militäropposition neuen Auftrieb. Ihre Motivation bezog sie wesentlich aus der Erkenntnis vom verbrecherischen Charakter des nationalsozialistischen Vernichtungskrieges in Osteuropa. Zudem wuchs die Einsicht, dass Deutschland den Krieg verlieren werde und mit Hitler zum Untergang verurteilt sei. Die immer noch kleine Militäropposition erhielt Zulauf. An der Ostfront bildete sich eine Widerstandsgruppe um Oberst Henning von Tresckow, eine weitere im besetzten Paris um das Fernschreiben der Verschwörer des 20. Juli 1944 an die unterstellten Wehrkreise mit dem Befehl zur Übernahme der vollziehenden Gewalt durch die stellvertretenden Kommandierenden Generale und Wehrkreisbefehlshaber und Durchführung weiterer Maßnahmen.

Ab Frühjahr 1943 wurden mehrmals Attentate auf Hitler vorbereitet. Sein Tod sollte die Voraussetzung für einen Staatsstreich, eine anschließende politische Neuordnung in Deutschland und die schnelle Beendigung des Krieges schaffen. Alle Attentatspläne scheiterten auf unglückliche Weise, wurden aber auch nicht entdeckt.

Neue Dynamik kam in die Verschwörung, als Oberstleutnant Claus Schenk Graf von Stauffenberg im Oktober 1943 nach Berlin versetzt wurde. Seine Persönlichkeit und Funktion machten ihn besonders geeignet dafür, die Umsturzplanungen zu vollenden. Stauffenbergs Bombenattentat am 20. Juli 1944 im ‚Führerhauptquartier' in Ostpreußen überlebte Hitler leicht verletzt. Der Staatsstreich fand daher nicht die nötige Unterstützung in der Wehrmacht und brach noch am selben Tag zusammen. Stauffenberg und seine engsten Mitverschwörer fielen einem sofortigen Willkürakt zum Opfer. Nur die wenigsten der anderen Beteiligten konnten sich der Gestapo (Geheime Staatspolizei) durch Flucht oder Selbstmord entziehen. Die meisten, etwa 200 Personen, wurden durch den ‚Volksgerichtshof' zum Tod verurteilt und hingerichtet; unbeteiligte Familienangehörige verschwanden bis Kriegsende in ‚Sippenhaft'.

Das NS-Regime wurde durch das Attentat nicht nachhaltig erschüttert. Es ging fortan nur noch brutaler gegen den Feind im Inneren vor. Hitlers Wille zur ‚totalen' Kriegsführung hielt unvermindert an und kostete mehr Menschenleben denn je. Erst nach dem Krieg konnte sich die große symbolische Wirkung des ‚20. Juli' entfalten: Die Gründerväter der Bundesrepublik Deutschland beriefen sich auf sein geistig-moralisches Vermächtnis und machten ihn dadurch zu einem Gründungsmythos des westdeutschen Staates. In der deutschen Bevölkerung fand der ‚20. Juli' dagegen erst sehr spät überwiegende Anerkennung."[33]
„In enger Zusammenarbeit mit dem Leiter der Abwehr, Admiral Canaris, bei der Oster als Vermittler fungierte, bereitete General Halder einen Plan zur Beseitigung Hitlers und seines Regimes vor.

---

[33] www.bpb.de: Widerstand gegen den Nationalsozialismus.

Er hatte für die Zeit vor einem bewaffneten Konflikt mit der Tschechoslowakei ein einziges Ziel. Er wollte den Frieden unter allen Umständen erhalten und unter Schutz der Wehrmacht eine neue Regierung nach freier Entscheidung des deutschen Volkes bilden. Hauptziel war die Besetzung der Reichskanzlei, die durch einen Handstreich gegen die SS-Wache erfolgen sollte, und die Besetzung der Nachrichtenzentralen durch das Heer, um Gegenbefehle der Regierung zu verhindern. Das Nervenzentrum der Verschwörung und der Ausarbeitung des Putschplans lag verständlicherweise bei der Abwehr. Von hier gingen alle Fäden aus.

Um im Hinblick auf eine Erneuerung Deutschlands die Hände außenpolitisch frei zu haben, musste die englische Regierung informiert werden. Die Führer des Widerstands waren sich dessen bewusst und hatten deshalb bereits mehrere Sendboten nach London entsandt. Sie sollten in erster Linie die Briten vor der drohenden Kriegsgefahr warnen und die britische Reaktion sondieren für den Fall, dass in Deutschland ein Staatsstreich durchgeführt wurde.

Der erste Sendbote war ein enger Freund von Canaris, Ewald von Kleist-Schmenzin, ein alter Nazigegner, gläubiger Christ und überzeugter Monarchist. Mit Reisepass und Personalausweisen versehen, die ihm Canaris verschafft hatte, traf Kleist am 18. August in London ein. Während des kurzen Aufenthaltes hatte er Gelegenheit Robert Vansittart, den diplomatischen Chefberater der englischen Regierung, zu sprechen. Leider misstraute man in London der deutschen Opposition."[34]

---

34 André Brissaud: Admiral Canaris. Eine Biografie.

Während meines Heerdienstes tat ich mein Möglichstes, um gegen Hitler und die SS zu handeln. In Frankreich (Poitiers und Angers) befreite ich 36 Franzosen von der Haft – Menschen, die durch Spitzel der SS verhaftet worden waren und einem grauenhaften Schicksal entgegensahen.

Meine weitere Tätigkeit in Frankreich war unmöglich gemacht worden, die SS suchte mit Hochdruck den Grund für das Freikommen dieser französischen Häftlinge. Es wurde allmählich brenzlig für mich. Durch meine Beziehungen konnte ich der drohenden Gefahr gerade noch entkommen, so wurde ich nach Riga versetzt.

In Riga befreite ich aus eigenem Entschluss mithilfe eines lettischen Hauptmanns einen sowjetischen Fallschirmspringer aus dem Gefängnis der SS und brachte ihn bei einem Bauern in der Nähe von Riga als Hausangestellten unter. [Anmerkung: Was vielleicht ein wenig unglaublich klingt, taucht in einer Doktorarbeit auf und zeigt, dass dies kein Einzelfall war.]

Andreas Himmelsbach schreibt in seiner Dissertation *Kriminalität, Kriegsgerichtsbarkeit und Polizeistrafgewalt unter deutscher militärischer Besatzung in Frankreich und der Sowjetunion*: „Nach dem Kriegsgerichtsbarkeitserlass vom 13. Mai 1941 waren Freischärler entweder gleich im Kampf zu erledigen oder auf Entscheidung eines Offiziers zu erschießen. Entsprechend sollten nach der ‚Kampfanweisung für die Bandenbekämpfung im Osten‘ vom 11. November 1942 gefangene Banditen ‚erschossen oder besser erhängt werden‘. Selbst die Abgabe an die Geheime Feldpolizei (GFP) sollte nur ausnahmsweise erfolgen. Auch wenn spätere Befehle diese Regelungen teilweise wieder abmilderten, erwartete gefasste Partisanen im Regelfall der Tod. Mit Ausnahmen: Die Gruppe GFP 725 hat im Juni 1942 eine von der Roten Armee abgesetzte Fallschirmspringerin nach Hause entlassen, da sie habe glaubhaft machen können, unter Zwang gehandelt zu haben. Ihre Familie sei ‚gut beleumundet und antibolschewistisch eingestellt'. Auf Anordnung des Leitenden Feldpolizeidirektors wurde die Entlassene unter ständige Beobachtung gestellt. Der Vorgang ist insoweit bemerkenswert, als sowohl die hinter den deutschen Linien abgesetzten sowjetischen Fallschirmspringer als auch die als „Flintenweiber" diskreditierten weiblichen Angehörigen von Roter Armee und Partisanengruppen der Besatzungsmacht gemeinhin besonders verhasst waren. Außerdem gehörte die Gruppe zu denjenigen, die die höchsten Exekutionszahlen meldeten."

Darüber hinaus erstattete ich wahrheitsgemäße Berichte an das Oberkommando der Wehrmacht über die grauenhafte Vernichtung der Juden durch Parteidienststellen und beschenkte Juden aus dem Ghetto heimlich.

Im Jahr 1940 wurde mein Bruder als Nervenkranker in der Heilanstalt Hubertusburg untergebracht und dort von SS-Ärzten ermordet.

„Die Opposition gegen Hitler suchte Kontakte mit den Westmächten. Erst wollten sie den Krieg verhindern, dann wollten sie ihn unter günstigen Bedingungen beenden. Doch vor allem die Londoner Regierung ließ die Emissäre abblitzen. Sie misstraute den Widerständlern. Um den Frieden in Europa zu bewahren, sollten die Westmächte, vor allem die britische Regierung nach Ansicht deutscher NS-Gegner vernehmlich mit dem Säbel rasseln. Die Regimekritiker entfalteten deshalb in den beiden Jahren vor Kriegsbeginn eine hektische Reiseaktivität.

Allein Carl Friedrich Goerdeler, in dieser Zeit der führende Kopf des deutschen Widerstands, fuhr zwischen Juni 1937 und Ende 1938 in 22 Länder. Unablässig warnte der ehemalige Leipziger Oberbürgermeister vor den braunen Machthabern: „Wir müssen uns vergegenwärtigen, dass wir es mit Gangstern der schlimmsten Sorte zu tun haben."

Über Adolf Hitlers aggressive Außenpolitik sagte er: „Der Diktator braucht jeden Morgen zum Frühstück ein neues Opfer." Goerdeler beschwor die westlichen Regierungen, sich auf keinen Beschwichtigungskurs einzulassen. Aber er wurde von seinen Gesprächspartnern nicht ernst genommen. Sir Montagu Norman, der Gouverneur der Bank von England, wies ihn zurecht, ein guter Patriot denunziere nicht seine eigene Regierung. Und von Sir Robert Vansittart, dem Ersten Diplomatischen Berater im Außenministerium, musste sich Goerdeler den Vorwurf gefallen lassen, er betreibe Landesverrat.

Nachdem der Führer am 28. Mai 1938 vor höheren Wehrmachtoffizieren seinen unerschütterlichen Willen verkündet hatte, dass die Tschechoslowakei von der Landkarte verschwinden sollte, warnte der Generalstabschef des Heeres, Ludwig Beck, ein Krieg gegen die Tschechoslowakei werde zum Weltkrieg führen und das finis Germaniae bedeuten. Beck schickte, Mitte August, einen weiteren Emissär nach London, den pommerschen Gutsbesitzer Ewald von Kleist-Schmenzin. Dem geläuterten Deutschnationalen gab der Generaloberst einen Auftrag mit auf den Weg:

„Bringen Sie mir den sicheren Beweis, dass England kämpfen will, wenn wir die Tschechoslowakei angreifen, und ich will diesem Regime ein Ende machen." Kleist-Schmenzin erklärte Vansittart und dem konservativen Politiker Winston Churchill, der die Appeasement-Politik seiner Partei ablehnte, dass die deutschen Generäle am Mobilmachungstag gegen Hitler losschlagen würden.

Es war ein bizarrer Plan, nach dem der Staatsstreich am 28. September ablaufen sollte. Ein Stoßtrupp unter Führung des ehemaligen Freikorps-Kämpfers Friedrich Wilhelm Heinz sollte in die Reichskanzlei eindringen und Hitler festnehmen.

Erich Kordt, Leiter des Ministerbüros im Auswärtigen Amt, und Fritz-Dietlof Graf von der Schulenburg, stellvertretender Berliner Polizeipräsident, sollten die Doppeltür hinter dem Posten am Eingang zur Reichskanzlei von innen her öffnen, um dem Stoßtrupp den Weg freizumachen. Der Ex-Parteigenosse Heinz wollte ein Handgemenge provozieren, in dessen Verlauf Hitler erschossen werden sollte.

Die geistigen Hintermänner des Putsches wollten den Führer lebendig. Hitler sollte vor Gericht gestellt oder von einem Ärztegremium für geisteskrank erklärt und in ein Irrenhaus gesperrt werden.

Oberstleutnant Hans Oster, Leiter der Zentralabteilung im Amt Ausland/Abwehr des Oberkommandos der Wehrmacht, hatte Heinz den konspirativen Auftrag erteilt. Und er hatte Kordt gebeten, der britischen Regierung vorab eine Botschaft zu übermitteln. Darin sollte London um eine energische Erklärung gegen Hitlers Kriegskurs ersucht werden, die möglichst auch dem einfachen Mann einleuchte. Oster fügte hier hinzu, dass es keinen Hitler mehr geben werde."[35]

---

[35] Der Spiegel: *Absolutes Schweigen* von Norbert F. Pötzl.

Paul Paulsen, der bereits erwähnte Schauspieler, schrieb 1945 an mich: „Mein sehr verehrter, lieber Herr Dr. Hultsch, so sehr mich das Wiedersehen mit Ihnen am gestrigen Tag erfreut hat, so sehr hat es mich auch erschüttert, von Ihrer gegenwärtigen Situation zu hören. Nicht nur, dass Sie und Ihre liebe Familie jetzt doppelt ausgebombt sind, trifft Sie nun auch das Schicksal, ohne Betätigung zu sein. Seien Sie versichert, dass meine Frau und ich mit Ihnen fühlen, und dass wir nichts sehnlicher wünschen, wie Ihnen irgendwie helfen zu können. Grade Sie sind uns in den letzten für uns so schweren zwölf Jahren ein so treuer Freund und Helfer gewesen, obwohl Sie gewusst haben, dass meine Frau Jüdin ist und in welch schwieriger Lage ich mich befunden habe. Sie sind wiederholt in der unerschrockensten Weise unter Gefährdung Ihrer eigenen Person und Stellung beim Propaganda-Ministerium und bei den hiesigen amtlichen Stellen von Partei und Staat unermüdlich unter Hinweis auf meine Mischehe für mich eingetreten. Sie haben sich für meine Frau eingesetzt, als die Verordnung über die Führung des zusätzlichen Namens für Juden herausgekommen ist. Wie oft haben Sie mit der Gestapo telefoniert. Was Sie alles versucht haben, viel Unheil zu verhüten, was von den Nazis beabsichtigt gewesen ist. Es wird viele geben, die Ihrer in besonderer Dankbarkeit für Ihren Beistand gedenken, ganz besonders aber meine Frau und ich werden nie vergessen, was Sie uns in der schweren Zeit an Mut und Hoffnung gegeben haben und ein- und ausgegangen sind, wo andere uns längst gemieden haben. Ihnen dies heute zu sagen, ist uns ein inneres Bedürfnis, und wir wünschen Ihnen von ganzem Herzen, dass alles sich auch für Sie wieder zum Guten wenden möge. Mit den herzlichsten Grüßen, immer in treuer Freundschaft, Ihr Paul Paulsen und Frau."

Wie sehr das bisherige Engagement von mir in der SBZ und späteren DDR eine Rolle spielen sollte, zeigt der Ermittlungsauftrag des Staatssekretärs der Staatssicherheit vom 04.07.1956, wonach folgende Angaben über mich zu ermitteln seien:

- Alles zu meiner Person.
- Meine Verbindungen zu Personen aus den Kreisen der Kirche in der DDR, Westberlin, Westdeutschland und Ausland.
- Meine politische Einstellung und Entwicklung vor und nach 1945.
- Leumund und moralischer Lebenswandel.
- Meine Mitarbeit im gesellschaftlichen Leben.
- Besonderer Hinweis: Sie werden gebeten, die Ermittlungen konspirativ zu führen.

Der Zweite Weltkrieg
1939–1945

Das Glück unserer jungen kleinen Familie währte nicht lange. Die politische Lage ließ es nicht zu, dass unser erstgeborener Sohn in Frieden aufwuchs. Die Münchner Konferenz hatte zwischen Deutschland, Italien, Frankreich und England eine Annäherung herbeigeführt. Dadurch war eine Entspannung der durch den Anschluss Österreichs und die Schaffung eines Protektorates über die Tschechoslowakei entstandenen Spannung eingetreten. Der politische Himmel verfinsterte sich durch die von Deutschland begehrte Regelung der Heimkehr der alten deutschen Hansestadt Danzig ins Reich.

Der Krieg brach aus. Frankreich und England traten auf Polens Seite. Der Zweite Weltkrieg war entbrannt. Für unsere Familie brachte dieses einschneidende Ereignis sofort eine entscheidende Wendung: Ich wurde am 26. August 1939 in die Wehrmacht eingezogen.

Hunden und Pferden galt Hildes besondere Liebe. Aus dem Wurf ihres ersten Hundes hatte sie die frechsten behalten, Castor und Alf. Beide wurden von Hilde in mühevoller Arbeit als Meldehunde ausgebildet, sie errangen viele Ehrenpreise und einen Staatspreis. Das Können ihrer Hunde stellte Hilde unter anderem in Frankfurt am Main und Berlin vor. Alf entwickelte sich ausgezeichnet, er musste außerdem apportieren, sich tot stellen und auf den Hinterbeinen laufen.

Nun aber musste unser lieber Alf von Hilde persönlich auf dem Truppenübungsplatz Königsbrück dem Militär übergeben werden, da er als Meldehund vorgesehen war. Das war ein schwerer Abschied für uns von dem lieben und treuen Hauskameraden! Besonders Hilde traf der Verlust sehr hart. Sie hing an dem Tier, das ihr all die Jahre ein treuer Begleiter gewesen war.

Alf

Diese Zeit war für uns alle nicht einfach. Erst nach eineinhalb Jahren kehrte unser Alf wieder zu uns zurück. Er war die ganze Zeit an der Front unterwegs gewesen und hatte unter permanentem Beschuss Botschaften von einer Einheit zur nächsten überbracht. Kaum vorzustellen, was das für Qualen für den Hund gewesen sein mussten! Beim ersten Treffen mit Hilde erkannte er sie nicht wieder, was meiner Hilde das Herz brach. Welch grausame Ironie des Schicksals: Alf starb dann bei einem der Bombenangriffe in Dresden – er musste vor dem Luftschutzkeller warten. Den Einsatz an der Front hatte er überlebt, aber nach der Rückkehr zu seiner Familie zerfetzte der Druck einer Bombe seine Lunge. Welch ein Verlust!

Auch Hildes schönes und sehr gut gepflegtes Wanderer Cabriolet mussten wir in den ersten Kriegswochen abliefern. Davon betroffen waren viele zivile Fahrzeuge, die die Truppe während des Krieges ad hoc wegen dringenden Bedarfs requirierte bzw. konfiszierte. Diese wurden entweder durch Heeres-Verwaltungsbeamte sofort vor Ort entschädigt oder es wurde eine Quittung ausgestellt.

Ich blieb zunächst in Dresden und teilte mir dort bei der Abwehr ein Dienstzimmer mit Prinz Ernst Heinrich, dem Schlossherrn von Moritzburg.

„Den Machtantritt der Nationalsozialisten am 30. Januar 1933 lehnte Ernst Heinrich ab. Er glaubte an den politischen Widerstand der Konservativen gegen Hitler und trat deswegen im Frühjahr 1933 in den Stahlhelm ein, in der trügerischen Hoffnung, sich der Einflussnahme der Nationalsozialisten zu entziehen. Am 1. Juli 1934 wurde er infolge des Röhm-Putsches verhaftet und für fünf Tage im Konzentrationslager Hohnstein interniert. Ernst Heinrich lebte danach zurückgezogen auf Schloss Moritzburg. Der passionierte Jäger hielt dort Pflichtkontakte zu NS-Größen wie Hermann Göring, der als Reichsjägermeister die Wälder der Wettiner begutachtete, oder dem Reichsstatthalter von Sachsen Martin Mutschmann.

Er empfing 1938 auf Schloss Moritzburg den rumänischen König Carol II. und 1939 den ehemaligen Leipziger Oberbürgermeister und späteren Widerstandskämpfer Goerdeler zu ausgiebigen politischen Gesprächen. Wenige Wochen vor Beginn des Zweiten Weltkrieges war Ernst Heinrich zur Abwehr in Dresden eingezogen worden. Im Jahr 1943 zweifelte er öffentlich den Unfalltod seines Bruders Georg an. Daraufhin wurde er von der Gestapo verhaftet und verhört. Es blieben ihm jedoch weitere persönliche Konsequenzen seiner gegen das NS-Regime gerichteten Äußerungen erspart.

Noch scheuten die Nationalsozialisten die Konfrontation mit einem Angehörigen eines ehemaligen deutschen Königshauses. Ernst Heinrich von Sachsen erlebte die Bombardierung Dresdens am 13./14. Februar 1945 in unmittelbarer Nähe und flüchtete im März 1945 vor der anrückenden Roten Armee nach Sigmaringen. Zuvor vergrub er jedoch mit seinen Söhnen in Kisten verpackte Wertgegenstände im Schlosspark (Schatz der Sachsen). Vieles davon wurde von den russischen Besatzern gefunden und abtransportiert, einige Kunstgegenstände wurden erst 1995 entdeckt und wieder ausgegraben."[36]

„Zum Ende des 2. Weltkrieges, am 10. Februar 1945, vergruben die Söhne von Ernst Heinrich Prinz von Sachsen,

---

[36] Wikipedia: Ernst Heinrich von Sachsen.

Dedo und Gero, und der Revierförster 43 Kisten. Unter Folter verriet der Förster später das Versteck an die sowjetische Besatzungsmacht. Ein großer Teil wurde hierauf ausgegraben und 1947 als Beutekunst in die damalige Sowjetunion verbracht. Teile des geraubten Familienschatzes der Wettiner sind heute in der Eremitage von St. Petersburg zu besichtigen. Es wird vermutet, dass auch der Rest in den Depots von St. Petersburg lagert.

Drei Kisten wurden jedoch an anderer Stelle vergraben und sind deshalb den Rotarmisten nicht in die Hände gefallen. Sie wurden im Oktober 1996 von Schatzgräbern mit einem Metallsuchgerät entdeckt. Der Schatz ging an seinen rechtmäßigen Besitzer, das Haus Wettin, zurück. 1997 präsentierte man die Schätze in einer Ausstellung im Georgenbau des Dresdener Residenzschlosses der Öffentlichkeit. Ein sehr wertvolles Stück, der sogenannte Mohrenkopf-Pokal des Nürnberger Goldschmieds Christoph Lamnitzer aus dem 16. Jahrhundert, kann heute im Bayerischen Nationalmuseum in München betrachtet werden. Der Gesamtwert des Fundes wird auf zwölf Millionen Euro geschätzt. Die wertvollsten Teile sind neben dem Mohrenkopf-Pokal eine Münzsammlung und Teile des Tafelsilbers Augusts des Starken."[37]

Im August 1940 schlug für mich die Abschiedsstunde. Ich musste nach Paris. Schwer wurde mir das Scheiden von Hilde und dem kleinen Christian, von Vater und Marthel und von unserem schönen Heim. Wir weinten alle, denn alle hatten wir im Hinterkopf: Was würde passieren, wenn ich nicht mehr heimkehrte?

---

[37] Wikipedia: Schatz der Sachsen.

Mein Einsatz bei der Abwehr führte mich während der Kriegsjahre durch ganz Europa. Mein direkter Vorgesetzter und Freund, Kapitän Hans Meißner, hatte dienstlich viel mit Admiral Canaris zu tun. Meißner wurde später als einer der Top-Spione bezeichnet. Mit meinem anderen direkten Vorgesetzten, Oberst Anstett, war ich in Dänemark, Paris, Athen und Riga.

„Spionage wird oft als das „zweitälteste Gewerbe" der Menschheit bezeichnet. Seit den Uranfängen dieses Gewerbes kennt man die beiden hauptsächlichen „Fachrichtungen" der Spionage: 1. die geheime Nachrichtenbeschaffung durch Kundschafter, Agenten, Spione und 2. die schnellstmögliche Nachrichtenübermittlung mit geheimen Methoden zwischen Agent und der Zentrale des Geheimdienstes (Staatsführung, Generalstab usw.). Seit Jahrhunderten kennt man auch die personelle und organisatorische Trennung dieser beiden Aufgabenbereiche eines Geheimdienstes und jeder dieser beiden Bereiche hat seine Spezialisten mit spezieller Ausbildung. Im Entdeckungsfall eines dieser beiden „Spezialisten" wird es vorteilhaft sein, wenn sich beide möglichst nicht kennen und sich somit nicht gegenseitig verraten können. Eine Verbindung zwischen beiden über gesonderte Agenten (Isolatoren) oder etwa über tote Briefkästen usw. lässt die Möglichkeit bestehen, dass bei teilweiser Entdeckung und Unschädlichmachung der jeweils andere Teil eines Spionagenetzes unversehrt bleibt. Seit den frühesten Anfängen der Spionage werden die zu übermittelnden Meldungen verschlüsselt (chiffriert) und auch bis heute unterhalten alle Geheimdienste Forschungsgruppen für kryptographische Methoden. Dort wird sowohl nach möglichst sicheren Verschlüsselungsmethoden gesucht als auch die Entzifferung gegnerischer Schlüssel versucht. Eine zu übermittelnde Nachricht wurde also durch Buchstaben-, Ziffern- und Zeichenumstellung „unlesbar" gemacht, sie kann außerdem durch chemische Methoden (Geheimtinten usw.) zusätzlich unsichtbar und schließlich unauffindbar gemacht werden, durch Unterbringung in raffinierten Verstecken. In allen diesen Fällen wird aber die Nachricht bzw. Meldung auf einem körperlichen Träger gespeichert und mittels eines mehr oder weniger langsamen Transportes vom Absender zum Empfänger überbracht. Bekannt sind hier nicht nur Kuriere bzw. Geheimkuriere, sondern auch die normalen Postwege. Letztere sind aber mit Vorsicht zu genießen, das „Mitlesen" von Nachrichten im Auftrage selbst höchster Stellen ist ebenso alt wie die Spionage selbst. Bekannt ist etwa die erste große deutsche Postorganisation der Thurn und Taxis: Graf Lamoral Claudius von Taxis ließ nicht nur Kopien aller interessanten Briefe für seine hohen Auftraggeber fertigen, er setzte seine monopolistische Postorganisation auch direkt als Spitzeldienst ein. Ebenso bekannt war in früheren Jahrhunderten die weitreichende Nachrichtenbeschaffungs- und Nachrichtenübermittlungsorganisation der Jesuiten. In den Kriegen der Neuzeit seit dem letzten Drittel des 19. Jahrhunderts wurden auch Hunde und kleine Ballone für kürzere Strecken und Brieftauben auf Länderentfernungen zur Übermittlung schriftlicher Nachrichten benutzt – die Brieftauben sogar mittels angehängter Kleinbildkameras zur bildlichen Nachrichtenbeschaffung bzw. Fotoaufklärung. [...] Die Geheimdienstorganisationen zur Beschaffung von politischen, wirtschaftlichen und militärischen Nachrichten sowie zur Abwehr gegnerischer Erkundungsoperationen besaßen in der Zeit vor dem

2. Weltkrieg Personalstärken von einigen tausend Mitarbeitern. Der weltweite Einsatz von Residenten und Nachrichtenbeschaffern erfordert ein sicher und schnell arbeitendes Kommunikationsnetz, wobei man vor dem Krieg den abhörgefährdeten Funkweg nach Möglichkeit vermied und sich stattdessen eigener oder postalischer Kurierwege bediente, im eigenen Machtbereich auch die militärisch gesicherten Drahtkommunikationsnetze nutzte. Eigene Draht- und Richtfunkverbindungen wurden, soweit möglich, auch im Krieg eingesetzt, jedoch musste bei großen Entfernungen, Verbindungen über kriegerische Fronten hinweg und allgemein bei beweglicher Kriegführung auf Funkwege zurückgegriffen werden, was im Verlauf des 2. Weltkrieges zu sehr umfangreichen Funknetzen führte. Zwischen den Nachrichten beschaffenden V-Leuten und Funkagenten an der Front und den Nachrichten auswertenden Zentralen im Hinterland befand sich eine vielstufige Organisation mit höchst unterschiedlichen Geräten und Anlagen, zu der kleine und kleinste Funkgeräte ebenso gehörten wie Funkzentralen, deren Dimensionen die von Großfunkstellen im Küstenfunk, Überseefunk und anderen kommerziellen Funkdiensten erreichten. Entsprechend vielseitig war auch die eingesetzte Funktechnik, die eine Vielzahl speziell entwickelter oder kommerzieller, meist ziviler Geräte umfasste – von Konstruktionen aus dem Amateurfunkbereich bis hin zu den „Geräteparks" der Generalstäbe und Postverwaltungen. Im Bereich des Geheimen Meldedienstes (Spionage) war das die Nachrichtenübermittlung mit Hilfe der Funktechnik, die im damaligen deutschen Machtbereich als Geheimer Funkmeldedienst bezeichnet wurde. Im Bereich der Spionageabwehr und Gegenspionage zählten dazu die sog. Funkabwehr und das

funktechnische Eindringen in gegnerische Geheimdienste mit Hilfe von „Funkspielen". Beide Dienstzweige unterlagen in ihrer Zusammensetzung, Organisation und Unterstellung innerhalb der deutschen Geheimdienste manchem Wandel, was sich kurz anhand der Entwicklung des deutschen militärischen Geheimdienstes vom 1. Weltkrieg bis zum Ende des 2. Weltkrieges aufzeigen lässt."[38]

---

[38] www.cryptomuseum.com, Rudolf F. Staritz, Abwehrfunk

Die Organisation Amt Ausland/Abwehr im Oberkommando der Wehrmacht, in der ich während des Zweiten Weltkriegs tätig war, bestand aus den Gruppen:

Abteilung Z: Organisation und Verwaltung
Abteilung I: Geheimer Meldedienst
Abteilung II: Sabotage und Zersetzung
Abteilung III: Spionageabwehr und Gegenspionage

Abteilung III untergliederte sich in folgende Bereiche:

- ortsfeste Abwehrstellen im Deutschen Reich und im besetzten Ausland,
- ortsfeste Kriegsorganisationen im neutralen Ausland,
- mobile Frontaufklärungsverbände bei den Oberkommandos der Heeresgruppen und Armeen.

„Abwehr I (Spionage) konzentrierte sich auf die Hauptkriegsgegner Frankreich, Großbritannien, USA und Sowjetunion, hinzu kamen der Nahe und Mittlere Osten bis Ostasien. Stützpunkte waren dabei die neutralen Staaten Spanien, Portugal, die Schweiz und die Türkei. Schwerpunkt des Einsatzes gegen Frankreich war seit 1937 bis zur Kapitulation im Sommer 1940 die Erkundung der Heeres- und Marinerüstung sowie der Maginot-Linie. Die Nachrichtenbeschaffung aus Großbritannien und den USA erwies sich als Fehlschlag, denn die dort vor dem Krieg aufgebauten Kontakte wurden nach 1939 von der Spionageabwehr dieser Staaten entdeckt und unterbunden. Für den Angriff auf die Sowjetunion wurden im Frühjahr 1941 drei Aufklärungsstellen (Tarnnamen Walli I, II und III) gebildet, außerdem gab es Frontaufklärungskommandos und -trupps bei den Heeresgruppen und Armeen bzw. Panzergruppen sowie, nach Beginn der Kampfhandlungen, V-Mann-Gruppen, die hinter den feindlichen Linien aufklären sollten.

Abwehr II (Sabotage und Zersetzung) führte den ersten Einsatz vor und während des Überfalls auf Polen im Herbst 1939 durch. Speziell gebildete Einsatzgruppen hatten die Aufgabe, die Verkehrswege im Grenzgebiet für den Vormarsch der deutschen Truppen zu sichern und das oberschlesische Industriegebiet vor der Zerstörung zu bewahren. Im April 1940 besetzte Abwehr II vor dem Einmarsch in Dänemark zwei Eisenbahnbrücken nördlich der deutsch-dänischen Grenze, und im Mai 1940 wurden die Befestigungsanlagen in Belgien sowie in den Niederlanden ausgeschaltet. Weitere Einsätze richteten sich u. a. gegen gegnerische Rohstofftransporte und gegnerische Handelsschiffe in neutralen Häfen. Während des Kriegsverlaufs fanden verstärkt Sabotage- und Diversionsaktionen gegen die Sowjetunion in deren Hinterland statt. Die der Abwehr II untergeordnete Spezialeinheit Brandenburg wurde vor allem im Krieg gegen die Sowjetunion, aber auch in Jugoslawien, Albanien, Griechenland und Nordafrika sowie auch auf jedem anderen Kriegsschauplatz wie in Spitzbergen eingesetzt. Zu diesen unter Führung der Abwehr aufgestellten Verbänden gehörte auch das Luftlandebataillon Dallwitz.

Abwehr III hatte neben Spionageabwehr, Schutz der Truppe und Bekämpfung von Landesverrat sowie Sabotage auch die Aufgabe, eigene Rüstungsmaßnahmen zu schützen. Hinzu kam nicht nur die Überwachung der gegnerischen Nachrichtendienste, sondern auch die Feindtäuschung, z. B. durch das „Umdrehen" gegnerische Agenten den Einsatz von sogenanntem „Spielmaterial", d.h. falschen, aber glaubhaft dargebotenen Informationen. Seit Ende 1939 operierten kleine Abwehr III-Gruppen bei den Feldtruppen, um die Akten des unterlegenen Gegners vor der absichtlichen Vernichtung zu sichern. Die Geheime Feldpolizei wurde mit Kriegsbeginn Abwehr III direkt unterstellt."[39]

Meine erste Reise im Dienste der Abwehr ging über Köln und Brüssel nach Paris. In Köln erlebte ich nachts, kurz nach meiner Ankunft, den ersten Luftangriff. Unvergesslich blieb mir auch der tiefe Eindruck, den die vielen Kriegerfriedhöfe aus dem Ersten Weltkrieg auf mich machten, denen ich unterwegs mehrfach begegnete. Am Abend näherten wir uns Paris. Der schlanke Eiffelturm hob sich vom rötlichen Himmel ab und verriet das nahende Ende der Reise. Zunächst passierten wir nur hässliche Vorstädte, die mich eher enttäuschten und wenig mit dem glamourösen Paris meiner Vorstellung zu tun hatten.

Dann aber änderte sich das Stadtbild allmählich. Bald trafen wir am Place de la Concorde ein, wo ich mich bei der Kommandantur meldete und im Hotel Lutetia eine sehr gute Unterkunft zugewiesen bekam. Gleich nach dem Einmarsch der deutschen Truppen in Paris hatte Canaris als Leiter des militärischen Nachrichtendienstes genaue Anweisungen für die Einrichtung der Abwehrdienststelle in der französischen Hauptstadt gegeben und das gesamte Besatzungsgebiet mit Abwehrstellen überzogen.

---

[39] dewiki.de/Lexikon/Abwehr_Nachrichtendienst

Hans Oster war Leiter der Zentralabteilung der Abwehr. Bereits zuvor hatte er ein Netzwerk von Kontakten zu Opponenten des NS-Regimes in Staat, Verwaltung und Sicherheitskontakten geknüpft.

„Hans Oster, der Stellvertreter von Canaris im Mobilmachungsfall, suchte schon seit Herbst 1939 seinen eigenen Weg des Widerstands.

Mit Beck und Dohnanyi verabredete er zunächst eine diplomatische Initiative, um zu erkunden, ob überhaupt und, wenn ja, unter welchen Bedingungen, die Westmächte sich zu einer Art Stillhalteerklärung im Fall eines Militärputsches bereitfinden würden. Ziel war es, einen später noch einmal zu erwägenden Umsturz außenpolitisch abzusichern, um den zögerlichen Generälen die Sorge zu nehmen, die Alliierten könnten einen Machtwechsel in Deutschland militärisch ausnutzen."[40]

Im Hotel Lutetia in Paris waren bereits verschiedene Gruppen der Abwehr eingezogen. Die Gruppe I – Spionage, die Gruppe II, zu deren Aufgaben vor allem die Durchführung von Sabotageakten und Zersetzungsmaßnahmen im Feindgebiet gehörten, die Gruppe III – Spionageabwehr, zu der auch die Gruppe III F gehörte – die militärische Gegenspionage.

Gruppenleiter III der Abwehrleitstelle Frankreich war Kapitän Hans Meißner. Zu diesem Zeitpunkt zählte die Abwehrstelle Paris etwa fünfundzwanzig Offiziere, zwanzig Stabshelferinnen, zwanzig bis dreißig Unteroffiziere und Mannschaften als Funker, Fahrer und sonstiges Hilfspersonal. Die meisten Angehörigen der Dienststelle wohnten im Hotel Lutetia und hatten dort auch ihre Arbeitsräume. Die

---

[40] https://www.wikiwand.com/de/Abwehr_(Nachrichtendienst)

Mahlzeiten nahmen wir ebenfalls im Hotel ein. Das französische Personal des Hotels blieb bis zum letzten Tag der Besatzungszeit uns gegenüber in ihrer Haltung gleichmäßig höflich, wenn auch reserviert, was mich überraschte und beeindruckte.

Im Grandhotel Lutetia gingen neben General De Gaulle außerdem Heinrich Mann, James Joyce, Peggy Guggenheim und Antoine de Saint-Exupéry ein und aus. Das mit roten Plüschmöbeln ausgestattete Haus besaß als besonderen Anziehungspunkt einen Weinkeller, in dem sich 150.000 Flaschen aller möglichen Weinsorten befanden.

Hier die Sichtweise eines Franzosen, der diese Zeit miterlebte:

„Wir bekamen die Abwehr in das Haus. Die Spionage- und Gegenspionagedienste der Armee. Es hätte schlimmer kommen können. Hatte der Matin nicht angekündigt, wir bekämen die Gestapo? Für Admiral Canaris war die Dienststelle in Paris entscheidend, er richtete sie persönlich ein. Ihm wurde das Zimmer 109 zugewiesen, das eigentlich für drei Personen eingerichtet war. Mit Blick auf den Boulevard Raspils. Warum hatte er sich ausgerechnet das Lutetia auserkoren? Das Hotel lag am linken Seineufer, wo die Intellektuellen und Künstler lebten, jene Kreise also, wo die Antifaschisten besonders zahlreiche und aktive Anhänger hatten. Auf alle Fälle schwärmte der Admiral grenzenlos für die französische Küche. Was dem Personal zuweilen unangemeldete Besuche in der Küche bescherte, wo Canaris als mehrsprachiger Connaisseur diesen oder jenen Kommentar zum Besten gab, der sofort durch das ganze Haus zirkulierte. Eines Morgens wurde ich zu Oberstleutnant Oberst Reile zitiert. Es galt, eine wichtige Versammlung der Abwehrchefs von Frankreich, Spanien, Portugal und der

Schweiz zu organisieren, bei der Canaris den Vorsitz führte. Dabei würde vielleicht eine Strategie der Nachrichtensammlung auf europäischer Ebene ausgearbeitet werden. Anfang Dezember 1942 machte Canaris auf dem Rückweg aus Spanien in Paris Station. Er hatte aufmerksam, ohne ein Wort zu sagen, einem Bericht von Oberstleutnant Reile über das Anwachsen des Netzes feindlicher Agenten zugehört. Am Abend dinierte er in seiner Suite 109 mit sechs oder sieben Ehemaligen von der Abwehr-Frankreich. Alle schienen in heiter gelöster Stimmung, nur nicht Canaris und sein Begleiter, Oberst Piepenbrock, die beide besorgt, düster und schweigsam waren. Die Zunahme der Massaker und Verbrechen, die von Hitler und seinen Kreaturen befohlen worden waren, bestürzte sie zutiefst."[41]

In dem Hotel kam es niemals zu unschönen oder gar hässlichen Auftritten. Die Franzosen, ob Kellner, Köche oder Zimmermädchen, alle gingen ihrer beruflichen Tätigkeit ernsthaft nach und wollten der deutschen Einquartierung zeigen, wie gut in französischen Hotels gearbeitet wurde und wie sauber und bequem es sich in ihnen wohnen ließ. Im Übrigen hatten sie naturgemäß Interesse daran, ihre alten Arbeitsplätze zu behalten.

Admiral Canaris hatte rasch erkannt, dass mit einer längeren Besatzung zu rechnen war und ordnete deshalb die Einrichtung von Abwehrstellen in Saint-Germaninen-Laye, in Dijon, Angers und in Bordeaux an. Weitere Abwehrkommandos wurden in den größeren Häfen am Atlantik und an der Kanalküste eingerichtet.

---

[41] Pierre Assouline: *Lutetias Geheimnisse*.

In Paris traf ich Kapitän Hans Meißner, der mich am nächsten Tag im Kraftwagen mit nach Angers nahm. Meißner stammte aus Meißen und als Landsleute kamen wir uns schnell näher. Seine Begrüßung war ausgesprochen herzlich, was in diesem Umfeld eher die große Ausnahme war. In der Folgezeit entstand zwischen uns ein selten kameradschaftliches Verhältnis, das sich zu einer Freundschaft entwickeln sollte. Der hochgewachsene, kräftige Mann, blond, blauäugig, sprühte nur so vor Lebenskraft.

„Meißners Biografie ist klassisch geprägt durch die Einschnitte der deutschen Geschichte um die Wende zum 20. Jahrhundert. 1895 in Dresden auf die Welt gekommen, besucht der Apothekersohn das Realgymnasium und wählt danach die Militärlaufbahn. Im Ersten Weltkrieg dient er als Wachoffizier auf kleinen Kreuzern und befehligt im Jahr 1918 als Kommandant für drei Monate ein U-Boot. Als 39-Jähriger wirbt ihn die deutsche Auslandsspionage an. 1940 wird er als Diplomat getarnt in Oslo und später in Paris stationiert. 1942 übernimmt Meißner die Leitung des «Büro F» in der Schweiz. Die Amerikaner beurteilen Meißner als einen der ‚effizientesten Abwehrleute'."[42]

Obwohl ich eigentlich für Bordeaux bestimmt war, blieb ich auf Meißners ausdrücklichen Wunsch hin bei ihm und habe es nie bereut. Ich begleitete ihn also nach Angers. Besonders verbunden war ich mit Meißners Vertreter, Major Anstett aus Kehl am Rhein, der in München wohnte.

---

[42] Jon Mettler, Berner Zeitung 2016.

In ihrem CI Intermediate Interrogation Report (CI-IIR) No 57 der CIA findet man zu den Aufgaben der Abwehr III-F (Gegenspionage) in Angers:

- Aufdeckung und Identifizierung feindlicher Informationen im Distrikt B
- Entdeckung und Identifizierung von feindlichen Informationen im unbesetzten Frankreich und in der Schweiz
- Aufdeckung des ehemaligen französischen Nachrichtendienstes
- Durchdringung des gegnerischen Geheimdienstes durch Einzel- und Doppelagenten
- Entsendung von Agenten nach England
- Entdeckung von Munitionsdepots

Aus den Unterlagen der CIA zu Meißner/Anger:

CONFIDENTIAL · CI-IIR/57

1. ORGANIZATION

...fter the France-German armistice, occupied France was divided into four military administrative districts, in each of which an Ast was set up. District B, comprising Brittany, Anjou and Normandy West of the Seine, was under the command of Gen/Lt WEHLEN-NEUROTH, with HQ in ANGERS. In August 1940 Ast ANGERS was established under the command of Korv Kptn MUISNER. DEPNER was brought from III-F OSLO to become Leiter III-F ANGERS.

...dministratively Ast ANGERS came under the jurisdiction of District B HQ, while operationally it was responsible to Alst PARIS and Abw HQ, BERLIN.

...ll counterintelligence operations in District B were controlled directly by III-F ANGERS because the two Posts of Ast ANGERS (BREST and NANTES) had no III-F section, although in 1942 a III-F Hilfs Off was assigned to BREST temporarily and the CO of Nest NANTES backed up III-F activities to a certain degree.

Übersetzt steht hier:

„... Diese Bewegung wurde vor und während des Krieges von der Abwehr III-F Angers unterstützt, die sie zum Zweck der Rekrutierung von Agenten beauftragt hatte. Ein Mann, erklärte sich bereit, ein Agentennetz aufzubauen und verlangte ein monatliches Gehalt von 100.000 Francs. Er erklärte auch, dass er das einzige Mitglied der Bewegung sei, mit dem III-F verhandeln könne. Nach einigem Zögern wurden seine Bedingungen akzeptiert.

... In der ersten Hälfte des Jahres 1942 erbeutet das III-F drei Sprengstoffdepots in der Nähe von Le Mans, Tours und Rennes. Das Depot in Le Mans wird durch das Verhör eines Agenten aufgedeckt, der bei einer Sabotageaktion an der Bahnstrecke gefasst wurde. Das Depot in Tours wurde von einem V-Mann aufgedeckt, es war noch nicht benutzt worden. Beide Depots wurden mit Sprengstoff versorgt, den die französische Armee bei der Demobilisierung dort versteckt hatte."

„Als die deutschen Panzer fast den ganzen Kontinent überrollt hatten, schickte Hitler über tausend Spione, getarnt als Reisende, Geschäftsleute und Angehörige der diplomatischen Vertretungen Deutschlands in die Schweiz. An Plänen für ihre Unterwerfung fehlte es nicht. So wurden Anfang 1942 mehrere deutsche Gebirgsjägerdivisionen auf Befehl Hitlers von der Ostfront abgezogen und in den französischen Jura verlegt. Dort warteten sie auf ihren Einsatzbefehl gegen die Schweiz. Die bekanntesten Spione waren der Kapitän Meißner, der das Baseler Konsulat übernahm, und der Konsul Fritz Geiger in Zürich. Diesen Agenten gelang es, das Geheimnis der Schweizer Abwehrmaßnahmen zu entschleiern. Nach Auswertung der Agentenmeldungen berichtete das OKH an Hitler, dass die Eroberung der Schweiz der Wehrmacht rund eine Million Mann kosten würde, worauf im Hautquartier der Feldzug „Schweiz" von der Liste gestrichen wurde."[43]

Die CIA schreibt in einem ihrer Protokolle zu Meißner: „Etwa alle drei Monate fanden Treffen der verschiedenen AST-Leiter West und KOs aus Spanien, Portugal und der Schweiz statt, die von Admiral Canaris selbst geleitet wurden. Bei zwei Gelegenheiten, im Sommer 1943, fanden diese Treffen in einem Herrenhaus in den Hügeln hinter Bordeaux statt. Beim ersten Mal wurde Meißner von Prinz Auersperg, seinem Stellvertreter, und beim zweiten Mal von von Mühlen begleitet. Bei beiden Gelegenheiten waren Admiral Canaris, Generalleutant Piekenbrock, Hansen, Maurer, Lorscheider (Bordeaux), Meißner (KO Spanien), von Auenrode, Graf von Recke (Marokko) und Oberst Rudolph (Leiter Paris) anwesend. Meißner nutzte außerdem jede Gelegenheit, nach Berlin zu reisen und wurde bei diesen Gelegenheiten stets vom Admiral empfangen."

Manche frohe Stunde hatten wir im Kameradenkreis verbracht, stets auf Haltung achtend. Die Dame, in deren Haus wir untergebracht waren, kam häufig und besichtigte ihr Haus. Es fehlte nicht das Geringste, wie wir auch den Franzosen, die uns argwöhnisch beobachteten, keinen Anlass zu irgendwelchen Klagen gaben. Durch ihr korrektes Auftreten errang sich die Wehrmacht bald Ansehen bei der französischen Bevölkerung, die uns aufgrund der Propaganda mit größten Befürchtungen erwartet hatte.

---

[43] Die Zeit:Die Höflichkeit und das Réduit, 1949.

Weihnachten konnte ich daheim im Kreis meiner lieben Familie feiern. Es war ein Fest, das wir alle sehr schätzten. Wir verloren nicht viele Worte über den Krieg. Wir wollten die gemeinsame Zeit einfach nur genießen und nicht über die schlimmen Dinge nachdenken, die um uns herum geschahen. Hilde, mein Vater und meine Schwester hatten das Haus wundervoll weihnachtlich geschmückt, auch der Baum stand an derselben Stelle wie immer. Für einige wenige Tage fühlte es sich an, als sei alles beim Alten.

Am Weihnachtsabend redeten wir bei einem köstlichen Essen über alte Erinnerungen. Wir lachten viel und hatten Spaß. An meiner Seite war immer Hilde. Teilweise drängte sich mir das Gefühl auf, dass sie mich nicht aus den Augen lassen wollte, aus Angst, mich zu verlieren. Auch mein Sohn Christian war immer in meiner Nähe.

Wenn ich nicht zu Hause war, waren meine Gedanken immer bei meiner Familie. Je länger ich fort war, desto größer wuchs meine Liebe zu ihnen. Der Gedanke daran, endlich wieder bei ihnen zu sein, sie in die Arme schließen zu können, war eine Wohltat für meine Seele.

Die Feiertage vergingen leider viel zu schnell und so stand auch wieder der nächste Abschied bevor. Es ging für mich zurück nach Frankreich. Diesmal waren wir aber alle viel optimistischer: Wir würden uns bald wiedersehen.

Auf zahlreichen Dienstfahrten durch Frankreich lernte ich das Land kennen, von der Atlantikküste bis zur Loire; einmal ging es sogar bis nach San Sebastian. Besonders häufig war ich in der Bretagne mit ihren herrlichen Orten wie Quimper, Rennes und Vannes.

Ich versäumte niemals, mir in den größeren Orten die Kirchen anzusehen, von denen die Kirche in Quimper und die Kathedralen in Bordeaux, Tours und Le Mans und vor allem Chartres in mir starke Eindrücke hinterließen. Besonders gefiel mir die Bretagne mit ihren schönen Trachten und ehrwürdigen Kirchen. Auf saftigen, durch Hecken voneinander abgegrenzten Wiesen weideten behäbige Pferde und Rinder, in den Gärten glühten kleine rote Äpfel an den Bäumen, und im Herbst glänzten die Weintrauben an ihren Reben, die bald zu herrlichem Wein gekeltert werden sollten. Aus verträumten Parks lugten unzählige Chateaux hervor, die häufig aufgrund des Krieges unbewohnt waren. Ich lernte die Wahrheit des Ausdrucks kennen: „Leben wie Gott in Frankreich".

In Angers gefiel es mir gut. Häufig verbrachte ich Abende mit Meißner auf dem kleinen Chateau, in dem er untergebracht war. Wir sprachen offen über politische Dinge, auch über unangenehme Angelegenheiten, wenn diese zu erledigen waren, wobei er immer meinen Rat einholte. Wir tauschten unsere Sorgen aus, die wir hinsichtlich des Krieges und seines Endes hatten.

So verbrachten wir manche Stunde zusammen, oft bis spät in die Nacht, wenn im Frühjahr draußen die Kamelienbüsche blühten, im Sommer die Frösche quakten, im Herbst der Wein geerntet wurde und im Winter die Buchenscheite knisterten, deren Feuer uns in unseren Lehnstühlen beleuchtete, wobei das Rubinrot des Rotweins aus den großen, dünnwandigen Gläsern funkelte.

Die CIA schreibt in einem ihrer Protokolle zu den Tätigkeiten III-F in Angers:

„Im September 1942 wurden mehrere V-Männer der III-F Angers auf einen Spionagering in der Bretagne aufmerksam, der mit Sendern ausgestattet war. Die Scharnhorst und die Gneisenau (beides sogenannte Panzerkreuzer) wurden ständig und ununterbrochen bombardiert, trotz

Nebel, Tarnung und wechselnden Standorten. Am Ende des Monats wurde ein Sender in Brest entdeckt. Der Funker konnte entkommen, aber sein Ausweis, der Sender, das Spulensignal und die verschlüsselten Nachrichten wurden sichergestellt. Da kein Schlüssel vorhanden war, wurde angenommen, dass er nicht selbst entschlüsselt hatte.

Im Oktober wurde mithilfe von V-Männern und Funkdetektoren ein weiterer Sender in Carhaix entdeckt. Sie empfingen Nachrichten in klarer Sprache aus Paris von einem Boten, der nicht identifiziert werden konnte. Seine Rufzeichen waren die gleichen wie die des Brest-Senders. Es wurde klar, dass diese beiden Gruppen Teil einer größeren Organisation waren, über die nichts bekannt war.

Durch abgefangene Notizen wurde die Identifizierung einiger Agenten möglich. Es wurden jedoch keine Verhaftungen vorgenommen, weil man es für verfrüht hielt, denn die Strategie von Ill-F war es, keine Verhaftungen vorzunehmen, bis alle Mitglieder des Rings identifiziert worden waren."[44]

Anfang 1941 wurde Kapitän Meißner nach Paris versetzt, eine ihm unbekannte Welt. Er nahm mich als seine rechte Hand mit. Die Weltstadt bot Interessantes und Sehenswertes genug, wenn auch das Paris während des Krieges ein ganz anderes war als das Paris zu Friedenszeiten. Häufig besuchte ich am Seine-Ufer die Buden der Bouquinisten und kaufte einige Kupferstiche. Auch Versailles mit dem Trianon und dem Bois de Boulogne stand auf meiner Liste, ebenso wie ein Bad im Atlantik bei Trouville.

[Anmerkung: der Britische Geheimdienst wird eine 200 Seiten umfassende Akte zu Hans Meißner anlegen. Dort ist

---

[44] CI Intermediate interrogation Report (CI-IIR) No 57.

unter anderem festgehalten, dass Meißner Kontakt zu George Bonnet, dem französischen Außenminister, hatte.]

Bei allem, was ich tat, dachte ich stets an Hilde und meine Familie. An manchen Tagen war die Sehnsucht beinahe unerträglich. Im Herzen blieben meine Liebsten immer bei mir und begleiteten mich durch diese schwere Zeit.

Im Oktober musste ich wieder Abschied nehmen, denn Oberst Anstett hatte mich nach Athen angefordert. Schwer fiel mir der Abschied von Kapitän Meißner, der Paris kurz nach mir ebenfalls verließ. Ich blieb mit ihm aber brieflich verbunden.

Nach langer Fahrt über Wien, Belgrad und Nisch kam ich in Saloniki an. Nach Athen benutzte ich das Flugzeug, das mich über das blaue Ägäische Meer trug. Links fiel der Blick auf die Finger der Halbinsel Chalchidike, rechts türmte sich der ehrwürdige Olymp auf. Über Euböa führte uns der Flug nach Tatoi bei Athen.

„Mit der Führerweisung „Geheime Reichssache 330" wurde 1941 die weitere Zusammenarbeit der verschiedenen Organisationen im Bereich der Abwehr feindlicher Agentengruppen mit Agentenfunk befohlen. Für diese Aufgaben der Funkabwehr waren insgesamt 8 feste Funküberwachungsstellen mit Fernpeilern, 10 Fernpeilzüge und 17 Nahpeilzüge im Einsatz. Hinzu kamen Funkeinheiten der Abw. Gruppe III F, deren Abwehrkommandos und Abwehrtrupps mit Hilfe von Funkspielen die sofortige Festnahme von Fallschirmagenten und Sicherstellung des Nachschubmaterials in Frankreich und besonders in Holland erfolgreich steuerten.

Um eine schnelle Informationsübermittlung zwischen der Abwehr-I-Zentrale in Berlin und den Frontaufklärungsverbänden der Abteilung I sicherzustellen, wurde am

10.6.1941 in Sulejowek bei Warschau unter dem Decknamen „Stab Walli I" ein vorgeschobener Befehlsstab eingerichtet. Anfang 1942 richtete auch Abwehr-III für ihre Abwehrkommandos und Abwehrtrupps eine als „Walli III" bezeichnete Leitstelle in Sulejowek ein. Für die Abwehr-I- und Abwehr-III-Verbände gab es in Sulejowek eine gemeinsame und große Funkzentrale, die nach Beginn der Kämpfe die Verbindungen zu den Abwehrkommandos bei den Heeresgruppen und den Abwehrtrupps bei den Armeen organisierte. Einsatz und Führung von V-Leuten bzw. Funkagenten im Frontgebiet fielen in die Zuständigkeit der Abwehrkommandos und Abwehrtrupps, während die Fallschirmeinsätze bei größeren Einsatzentfernungen von Walli gesteuert wurden. Auch für die spätere Aufklärung in Banden- und Partisanengebieten im rückwärtigen Heeresgebiet war Walli I zuständig.

Mit Bezug des Führerhauptquartiers „Wolfsschanze" bei Rastenburg am 23.6.1941 und Verlegung der operativen Teile der Wehrmacht-Oberkommandos in die nähere und weitere Umgebung, drang die Generalstabsabteilung „Fremde Heere Ost" darauf, dass die Abwehr als einer ihrer Hauptinformationslieferanten möglichst nahe beim FHQ arbeiten müsse. Nachdem Gehlen im April 1942 die Leitung von „Fremde Heere Ost" übernommen hatte und ihm, in Absprache mit Canaris, auch die operationelle Leitung von Walli I und III übertragen worden war, holte er den größten Teil der Frontaufklärungsleitstelle I-Ost nach Nikolaiken, die dort das frühere Kurhaus bezogen. Der Rest blieb als „Befehlsstab Walli I" in Sulejowek, ebenso auch „Walli III". Die Funkzentrale „Atlas" der Frontaufklärungsleitstelle I-Ost war in einem Park hinter dem Kurhaus aufgebaut worden. Dort standen mehrere gut getarnte Baracken, in denen die Dolmetscher, Unteroffiziere und Mannschaften sowie die ferngetasteten Kurzwellen-Sender dienten·

Insbesondere die Abwehrstellen in den grenznahen Wehrkreisen waren vor Kriegsbeginn u. a. zuständig für den operativen Einsatz von Agenten in den benachbarten Ländern und in Seehäfen. Die Verbindung zwischen „Abwehr" und „Agent" sicherzustellen, war Aufgabe der Meldestaffeln, deren Meldeköpfe die eigentliche Schnittstelle zu den Agenten vor Ort darstellten.

Für die Kriegsführung war die geheime Aufklärung durch Agenten und V-Leute nur eine von mehreren Quellen. Luftaufklärung, Funkaufklärung, Gefangenenbefragung und bewaffnete Aufklärung an den Fronten waren weitere Quellen und alles Aufklärungsmaterial zusammen sollte den Generalstabsabteilungen der direkt betroffenen Truppenteile ebenso schnell zur Verfügung stehen wie den übergeordneten General- und Admiralstabsabteilungen, bei denen die eigentliche Auswertung der verschiedenen Meldungen stattfand. Umgekehrt waren die Auswertungsergebnisse der eigenen Truppe mitzuteilen und die Agentenführung zu sichern.

Erwähnenswert ist ein vom Auswärtigen Amt, dem Reichsluftfahrtministerium und der Abwehr gemeinsam durchgeführtes Unternehmen im Irak im Jahr 1941. Nach dort wurden sogenannte Nachrichten-Ju 52 mitgenommen, Flugzeuge des bewährten Langstreckentyps („Tante Ju") mit eingebauten, starken Kurzwellenstationen. Mit Hilfe einer solchen Relaisstation (am Boden) gelangen ab 17.5.1941 ständige Funkverbindungen mit Athen und Berlin."[45]

---

[45] www.cryptomuseum.com, Staritz Abwehr

Im X – 2 Handbook Copenhagen Abwehr Suspects der CIA
von 15. März 1944 heißt es zu Oberst Anstett:

ANSTETT, Oberstleutnant. Chief of Abwehr in Aarhus in 1942, prior to Lubos. In 1941 he was Mayor of Athens and in command of Intelligence Station there. He is now out of Denmark.

Chief of Abwehr in Aarhus ...

Die Außenstelle Kopenhagen wurde im April 1940, unmittelbar nach der deutschen Besetzung Dänemarks, gegründet. Die Hauptziele waren die See- und Militärspionage gegen die Alliierten und die alliierte Schifffahrt in nördlichen Gewässern sowie die Gegenspionage gegen den dänischen und alliierten Geheimdienst und die Widerstandsbewegungen.

An anderer Stelle steht in diesem Handbuch zur Abwehr: "Stab Knabe" oder "Transport Kommandantur" bei Helsingör, bestehend angeblich aus "Transport Verbindungsoffizieren", in Wirklichkeit aber aus Offizieren der Spionageabwehr. Sie tragen karminrote Paspeln wie im Generalstab, aber keine Doppelstreifen auf den Hosen und auch kein Goldgelb, die Farbe der Abwehr.
Hultsch, Hauptmann. Offizier der Abwehr. Mitglied von "Stab Knabe" in Helsingör, wo seine Aufgabe darin bestand, deutsche Truppenzüge durch Schweden zu begleiten. Sehr fähiger Mann. Hat Kontakte zu schwedischen Nazis.

Meißner glaubte, dass Okamoto der Chef des japanischen Geheimdienstes für ganz Europa ist. Vor etwa einem Jahr bat Okamoto Meißner, Geld von ihm an den K. O. Schweden zu überweisen. Meißner erhielt Berlins Zustimmung dazu und den Betrag von 15.000 Dollar, den Meißner an K. O. Schweden schickte. Meißner gab an, dass ihm kein Grund genannt wurde, warum dieser Betrag von den Japanern nach Schweden geschickt werden sollte.

„Am 15. November 1941, etwa drei Wochen vor Beginn des Krieges im Pazifik, beschloss in Tokyo die aus den Spitzen von Regierung und Militär bestehende ,Verbindungskonferenz', zur Beendigung des bevorstehenden Konfliktes vorsorglich die diplomatischen Bande zu neutralen Nationen wie südamerikanischen Ländern, Schweden, Portugal oder dem Vatikan zu stärken."[46] Der japanische Mittelsmann in Stockholm war Suemasa Okamoto.

Sein Name taucht später wieder auf; so war er nach dem Krieg japanischer Botschafter in den Niederlanden.

Der Wagen brachte mich zu Oberst Anstett, der erkrankt war und sich über meine Ankunft sehr freute. Wir wohnten in der schön gelegenen Villa des Geigenvirtuosen Zapalos in Psychikon, einem Vorort von Athen. Die Stadt entsprach leider nicht meinen hohen durch das humanistische Gymnasium hervorgerufenen Erwartungen. Von meiner Dachstube aus hatte ich aber einen schönen Blick.

Die schöne Aussicht konnte aber nicht über das himmelschreiende Elend hinwegtäuschen, das mir hier begegnete. In der Bevölkerung raste die Hungersnot, etwa 100 Menschen fielen ihr täglich zum Opfer. Auf den Straßen lagen sterbende und entkräftete Menschen. Das belastete mich stark.

---

[46] Gerhard Krebs: *Aussichtslose Sondierungen.*

Draußen vor dem Piräus lagen englische U-Boote, die jeden kleinen Fischkutter abschossen. Die Versorgungswege waren gänzlich abgeschnitten. Die Besatzungskräfte taten alles, um die Not zu lindern. Aber Athen, schon im Frieden Zuschussgebiet, war im Krieg von den griechischen Inseln, dem alleinigen Versorgungsgebiet der Millionenstadt, nicht zu erreichen. Auf einer Dienstfahrt kam ich über Korinth nach Patras, wo ich mit italienischen Fliegern und Marineoffizieren zu tun hatte.

Anstett und ich zogen später in ein leerstehendes Häuschen, von wo aus man einen herrlichen Blick auf Athen und den Hafen von Piräus hatte. Besonders am frühen Morgen, wenn die Sonne rot über dem lang gestreckten Horizont aufging, bot sich uns ein unwirklich schönes Bild. Eine Nachbarvilla gehörte Joannis Kyriasides, der mit einer Dresdnerin verheiratet war. Von diesem Ehepaar wurden wir aufs Freundlichste empfangen. Leider konnten wir es nicht verhindern, dass ihnen später durch unfähige und böswillige Deutsche schwerer Schaden zugefügt wurde.

Weihnachten und Neujahr verbrachte ich in niedergeschlagener Stimmung allein, da Anstett auf Heimaturlaub war. Insgesamt herrschten hier frostige Verhältnisse in den Dienststuben, so gar nicht vergleichbar mit Angers. Mir fehlte Anstetts angenehme Gesellschaft. Ich hatte mich aber immerhin mit zwei österreichischen Marineoffizieren – Larch und Call – angefreundet, mit denen ich im Casino abends am prasselnden Kaminfeuer saß.

In Griechenland war ein harter Winter eingebrochen, wie er dort seit 20 Jahren nicht zu verzeichnen gewesen war. Bei 10 Grad in einer ungeheizten Wohnung mit Steinfußboden fror ich entsetzlich und konnte mich nicht wärmen.

Groß war auch der Hunger, da unsere Verpflegung zusammengebrochen war.

„Während des Zweiten Weltkriegs war Athen Schauplatz spektakulärer Widerstandsaktionen: Schon wenige Tage nach der deutschen Besetzung Athens am 26. April 1941 riss Manolis Glezos am 31. Mai 1941 als Zeichen des Widerstands die Hakenkreuzfahne von der Akropolis. Die Hungersnot infolge der Ausplünderung durch die Besatzungsmacht traf die städtische Bevölkerung Athens besonders hart: In den Wintern 1941/42 und 1942/43 starben im Athener Ballungsgebiet über 100.000 Menschen den Hungertod."[47]

Ich war zwar verheiratet, aber infolge des Krieges praktisch ohne Familienleben. Das setzte mir sehr zu. Nur im brieflichen Gedankenaustausch konnten wir unsere Herzen erleichtern. Vieles konnten wir den Briefen nicht anvertrauen, besonders unsere Ansicht über den Krieg. Durch meine Tätigkeit bei der Abwehr war ich mitten im Geschehen und ich musste Dinge sehen, die kein Mensch erleben will. Wir wussten vom verbrecherischen Charakter der Nationalsozialisten und es wuchs die Einsicht, dass Deutschland den Krieg verlieren würde und mit Hitler zum Untergang verurteilt sei. Zwar formierte sich der Widerstand in der Abwehr, nennenswerte Aktionen gab es aber nicht.

Die Briefe von Hilde halfen mir in diesen schweren Zeiten sehr. Ich wusste, dass sie immer an mich dachte und dass sie mich erwarten würde, wenn ich eines Tages wieder heimkehrte. Sie stand immer hinter mir. Wenn ich fror, dachte ich an sie. Ich schloss die Augen und rief mir ihre liebevolle Erscheinung in Erinnerung, ihre fürsorglichen

---

[47] Wikipedia: Athen.

Augen und ihr herzerwärmendes Lächeln. Allein das gab mir die Kraft zum Weitermachen.

Auch von Griechenland musste ich bald wieder Abschied nehmen, denn ich wurde nach Riga versetzt. Am 2. Juli 1942 traf ich über Mitau dort ein. Einige Offiziere kannte ich bereits von meiner Dienststelle in Frankreich, sodass sich auch Wiedersehensfreude in die ernste Lage mischte.

„Als sich die deutsche Wehrmacht, beginnend mit dem ersten Tag des „Unternehmens Barbarossa" 1941, auf Lettland zubewegte, war das Schicksal der dortigen Juden auf höchster Führungsebene längst beschlossen worden. Reinhard Heydrich hatte in einer mündlichen Anweisung vom 17. Juni 1941 zusammenfassend befohlen, dass unter anderem „Juden in Partei- und Staatsstellungen" zu liquidieren seien [...]. Dementsprechend hatten die vier Einsatzgruppen, mobile Mordkommandos des RSHA, nahezu unumschränkte Verfügungs- und Aktionsgewalt und begannen im Rücken der vorrückenden Wehrmacht im Baltikum unverzüglich mit Massenmorden an der jüdischen Zivilbevölkerung."[48]

Die in ihrer Bauweise deutsche Stadt an der breiten Düna gefiel mir auf Anhieb. Ihre Türme grüßten schon von Weitem. Die lettische Bevölkerung konnte meist deutsch sprechen, was das Leben für uns viel leichter machte. Auf meinen Dienstfahrten, die infolge der großen Entfernungen und bei dem Mangel an Unterkünften – im Gegensatz zu Frankreich – recht beschwerlich waren, lernte ich Land und Leute kennen. Sonntags waren wir oft am Ostseestrand in Majori und benachbarten Badeorten.

---

[48] http://lernen-aus-der-geschichte.de/Lernen-und-Lehren/

Mit Lettland verbindet mich so einiges: Mein ältester Sohn Christian sollte Mitte der 1960er-Jahre seine Frau Rita heiraten, deren Familie Deutsch-Balten waren und aus Riga beziehungsweise der Umgebung stammten. Ein Vorfahre von Rita war Hermann Donberg, der in St. Petersburg einer der Leibärzte von Zar Nikolaus dem II. gewesen war.

Auf größeren Fahrten kam ich nach Kowno und Wilna, die von meinem Regiment im Ersten Weltkrieg eroberte Stadt, nach Smorgon mit seinem blutgetränkten Boden. Lange verweilte ich dort an den Gräbern der gefallenen Kameraden aus dem Ersten Weltkrieg. Ein mehrwöchiges Kommando führte mich nach Minsk, das ich ebenfalls von 1918 her kannte. So manches Mal kroch auf diesen Reisen Unbehagen wegen der düsteren Erinnerungen in mir hoch. Die Fahrten waren zudem mit großen Gefahren verbunden, da Straßen und Eisenbahnschienen vermint waren und Fahrzeuge und Eisenbahnwagen beschossen wurden.

Als Kommandant in Minsk lernte ich dort den ehrwürdigen Erzbischof kennen, der zehn Sprachen beherrschte und dessen kostbares Museum ich bewunderte. Der viel gereiste Mann zeigte mir prächtige alte Bücher, mit Hand geschrieben und goldbemalt, ferner prachtvolle Teppiche, Sättel, Waffen, Trachten, Schmuck und Lampen. Zum Abschied ließ er eine kleine Tasse echt türkischen Mokkas reichen – schwarz, heiß und süß.

Am 19. Dezember fuhr ich auf ärztlichen Rat auf Erholungsurlaub. Meine Herzmuskelschwäche trat infolge des vielen dienstlichen Ärgers und der schweren Sorge über die Zukunft unseres deutschen Volkes und Vaterlandes wieder auf. Ich hatte leider Gelegenheit, vieles zu sehen, was nicht gut war. Nach drei Jahren verbrachte ich zum ersten Mal wieder ein Weihnachten daheim. Ein unbeschreibliches Gefühl war das – endlich wieder im Kreise der Lieben zu sein und gemeinsam dieses Fest feiern zu können. Schnee lag hoch auf den Fenstersimsen, der Frost malte Schneeblumen auf die Fenster, es war wie im Bilderbuch.

Dann ging es nach Lemberg, eine schöne Stadt, von dort in vier Tagen und vier Nächten im Güterwagen auf Stroh nach Odessa. Ich war inzwischen als Major d. R. als Ortskommandant nach Wosnessensk am unteren Bug bestimmt. Dieser Ort war aber bereits in Feindeshand, meine neue Dienststelle nicht zu ermitteln. In eisiger Nacht fuhr ich mit der Bahn ohne Fensterscheiben nach Beresowka. Durchgefroren kam ich dort am frühen Morgen an. Eine Decke zum Einhüllen hatte ich nicht. Auf der Straße etwa einen halben Meter tiefer Schlamm. Auch im Ort waren meine Bemühungen, meine Dienststelle zu erreichen, vergeblich. Nach zwei Tagen kam der Befehl zum Räumen.

Ich fuhr in einem Kraftwagen nach Odessa zurück, die Nacht verbrachte ich in einer alten Bauernhütte auf Stroh. Ich war heilfroh, als ich in Odessa anlangte. Um ein wenig Normalität zurückzugewinnen, sah ich mir die Oper und den Hafen an. In der Nähe des Dnjestr traf ich meine Männer und führte sie über den Fluss nach Rumänien.

Der Rückmarsch war mit extremen Strapazen verbunden. Eisiger Ostwind fegte bei Nebel und Schneegestöber über das weite, baumlose Land. Der Feind hatte nachgedrängt, seine Flieger dröhnten im Tiefflug über unseren Köpfen. Durch energisches Auftreten hatte ich noch in letzter Sekunde den Übergang über den Dnjestr erzwungen. An den ersten schlimmsten Tagen marschierte ich mit, um der neuen Einheit mit gutem Beispiel voranzugehen.

Endlich erreichten wir Kilia am linken Donauufer, 47 Kilometer vom Schwarzen Meer entfernt. Dort errichteten wir die Ortskommandantur. Die Orte mit deutscher Bevölkerung standen leer, ihre Einwohner waren nach Deutschland umgesiedelt worden und gingen einem ungewissen Schicksal entgegen.

Die dienstlichen Beziehungen zu den damals noch mit uns verbündeten Rumänen waren korrekt. Zwei interessante Motorbootfahrten in das fischreiche Donaudelta mit seiner mannigfachen Vogelwelt werden mir stets in Erinnerung bleiben. Dort gab es Flamingos, Ibisse, schwarze und weiße Störche, Pelikane, Enten usw. Wiederholt war ich in Bolgrad und Ismail, besonders gut gefiel mir das malerische Yulkow donauabwärts. Schön waren die Nächte in Kilia mit ihrem Nachtigallengesang in der milden Luft und ihrem süßen Akazienduft.

Das Jahr 1943 brach an. Die Heimat blutete aus vielen Wunden. Durch feindliche Bombenangriffe verloren Tausende unschuldiger Menschen ihr Leben, wertvolle, unersetzliche Kulturdenkmäler gingen verloren.

Wenn auch Moritzburg keine völlige Sicherheit vor feindlichen Fliegern bot, so entschieden wir uns dennoch, dass Hilde und die Kinder dorthin umziehen sollten. Kleidung, Wäsche, Meißner Porzellan, Silber, Bilder, Klavier und Dokumente hatte Hilde bereits dorthin gebracht.

Unser Kind hatte sich körperlich gut entwickelt und Hilde schrieb mir zu meiner Freude stets alles Wissenswerte. Sie hielt mich immer auf dem Laufenden. So hatte Christian bitterlich geweint und gesagt: „Ich bin so traurig, dass der Vati nicht da ist." Diese Worte zerrissen mir fast das Herz. Aber zumindest stand ich in ständigem geistigen Kontakt mit meinen Lieben, wenn auch die Feldpost elf Tage brauchte und ich 1.600 Kilometer von daheim entfernt war.

Ende Juli vermochte ich eines Morgens beim Aufwachen auf dem rechten Auge nichts mehr zu sehen. Unzählige Punkte schwammen in meinem Sichtfeld. Erst nach einigen Tagen konnte ich einen Arzt aufsuchen, der meine sofortige Beförderung in ein Lazarett anordnete. Auf mein Drängen hin durfte ich mich noch in Kilia von meinen Kameraden verabschieden. Das geschah in sehr rührender Weise. Es berührte mich sehr, zu sehen und zu hören, dass auch ihnen der Abschied sehr naheging. Allen bewahre ich ein treues Andenken.

Im Lazarettzug fuhr ich Richtung Heimat. Die Fahrt war beschwerlich: sengende Hitze, stete Fliegergefahr und mein Auge war kein Stück besser geworden. Über Budapest und Wien erreichten wir Liegnitz. Von dort fuhr ich am 13. August nach Bunzlau. In Bunzlau musste Oberstabsarzt Dr. Scheuch eine Netzhautablösung feststellen und ich wurde nach Halle verlegt. Mir wurde strenge Bettruhe verordnet. In Halle wurde ich von Prof. Clausen, dem Leiter der Universitäts-Augenklinik, dreimal operiert, leider ohne Erfolg. Die täglichen Fliegerangriffe mögen die Nichtgesundung mitverschuldet haben, da ich die nötige Bettruhe nicht finden konnte.

Nach jeder Operation musste ich 21 Tage mit verbundenen Augen im Bett liegen, sodass ich wiederholt Gelegenheit hatte, über meinen Zustand und die Zukunft nachzugrübeln. Wie sollte ich mich im Falle einer völligen Erblindung verhalten? Wie sollte ich überleben, wenn wir angegriffen würden? Wie meine Familie schützen? Im Gespräch führte mir Pfarrer Loeber dann jedoch klar vor Augen,

Wege nicht unsere Wege sind. Wir müssen uns demütig seinem Willen fügen.

Am 10. Februar 1945 wurde ich, erblindet auf einem Auge, nach Zittau versetzt. Ich erhielt ein Zimmer, ungeheizt und unsagbar hässlich. Stadtbesuch war nicht gestattet, abends verbrachte ich die Zeit im Casino, um Radio zu hören und mich mit Major Staudigl zu unterhalten. Staudigl war Wiener, von Beruf Kaffeesieder und Inhaber eines großen Cafés. Er spielte gut Klavier, besonders Mozart. Mit dem offenherzigen Wiener unterhielt ich mich über die ernste Lage Deutschlands. Wir waren uns einig, wie der Krieg enden würde.

Ich erwartete einen Luftangriff auf Dresden, da der Krieg auf sein Ende zusteuerte und einen schlimmen Ausgang für unser deutsches Vaterland und Volk zu nehmen drohte. Für unser Haus am Großen Garten, nicht im Stadtmittelpunkt und weit von militärisch und kriegswirtschaftlich wichtigen Gebäuden und Anlagen entfernt gelegen, befürchtete ich höchstens einen Zufallstreffer, dessen Folgen bei der durch Mutti und Hilde getroffenen sorgfältigen Vorbereitungen aller nur denkbaren Luftschutzmaßnahmen verhältnismäßig leicht zu beseitigen wären.

„Die engagiertesten Hitlergegner im militärischen Bereich waren immer noch die Männer im Amt Ausland/Abwehr des Oberkommandos der Wehrmacht (OKW). Bis April 1943 war die Dienststelle ein Zentrum des Widerstandes mit engen Kontakten zum Kreisauer Kreis. Versuche, im Ausland für einen Frieden zu wirken, blieben erfolglos.“[49]

---

[49] www.bdp.de / 20. Juli 1944

Der Untergang Dresdens
1945

Meine schlimmsten Befürchtungen sollten sich bewahrheiten und ich war nicht einmal zur Stelle, als es passierte. In Zittau konnte ich nichts tun, außer für meine Familie zu beten.

Am Abend des 13. Februar 1945 in der 10. Stunde ertönte Fliegeralarm. Nach kurzer Zeit sahen wir den Himmel Richtung Dresden wie mit Purpurflammen beleuchtet. Nach Hildes späterer Schilderung spielte es sich wie folgt ab:

Der Drahtfunk meldete feindliche Flieger vor den Toren der Stadt. Höchste Eile war geboten, schon krachten die ersten Bomben. Hilde brachte die drei Kinder in den Keller und traf mit ihrer Mutter die gewohnten Vorbereitungen. Plötzlich brannte die Garage und kurz danach das Dach des Hauses. An Löschen war nicht zu denken, da das Wasserleitungsnetz zerstört war.

Da sich der Brand relativ langsam ausdehnte, konnten vorerst sogar noch einige Sachen gerettet werden. Unsere Kirschbaum-Betten, das große Radio von Hildes Mutter, Möbel aus dem Salon, der Blüthner-Flügel, meine Bücher und Bilder ... all das schaffte die Familie mit vereinten Kräften aus dem Haus auf den gegenüberliegenden Fußsteig. Mein Schwager, Erich Papsdorf, legte die Kinder in ihren Kleidern zur Ruhe, und die Erwachsenen erholten sich bei einer Tasse Kaffee.

Plötzlich riefen Menschen auf der Straße: „Die Flieger sind wieder da", und schon krachten aus Hunderten von englischen Bombern die üblen Phosphorbomben nieder auf die unglückliche, schutzlos daliegende Stadt. Meine Familie wähnte sich zunächst im Keller sicher, musste diesen

Raum aber bald aufgrund eindringenden Rauches aufgeben. Die zuvor achtsam gepackten Koffer mit Schmuck und Geld blieben zurück, als meine Liebsten um ihr Leben kämpften. Unser Hund Alf durfte nicht mit in den Luftschutzbunker. Seine Lunge wurde durch eine Sprengbombe zerfetzt und sie fanden ihn tot vor dem Eingang zum Bunker.

Über Bombentrichter und herabstürzende Haustrümmer hinweg eilten alle auf den Stephanienplatz. Dort harrte die Familie inmitten des Flammenmeers stundenlang aus. Infolge der Hitze entstand trotz Windstille ein so großer Sog, dass allen die Kopfbedeckungen weggerissen wurden. Sogar bei uns in Zittau fanden wir später Rollenbücher der Semperoper und Papiergeldscheine, die durch den Sog aus dem fast 100 Kilometer entfernten Dresden entführt worden waren.

In den Morgenstunden brachen alle auf, um bei Tante Hannchen in Oberloschwitz ein Unterkommen zu finden, deren Haus noch unversehrt geblieben war.

Am 15. Februar war es auch mit diesem Zufluchtsort vorbei: Gegen Mittag erfolgte ein amerikanischer Angriff. Gerade, als alle den Keller aufgesucht hatten, fiel eine Bombe auf die Vorderseite des Hauses und vernichtete diesen Teil. Mein kleiner Neffe Steffen wurde durch eine durch die Wand geschleuderte schwere Badewanne vollends bedeckt. Wie durch ein Wunder blieben alle unverletzt, lediglich das Haus war einsturzgefährdet. So übersiedelten alle in das Nachbarhaus der Familie Kapitzky am 2. Steinweg.

Inzwischen verbrachte ich Tage voll innerer Unruhe und Sorge um die Meinigen. Mit Dresden gab es keine Verbindung. Ich konnte nur herausbekommen, dass die Zahl der Todesopfer besonders hoch war und dass fast sämtliche

Häuser in der Comeniusstraße zerstört worden waren. Die Unsicherheit brachte mich fast um den Verstand. Nachts tat ich kaum ein Auge zu und tagsüber plagte mich panische Sorge. Ich wollte endlich wissen, wie es meiner Familie ging!

Endlich bot sich mir am 17. Februar die Möglichkeit, mit dem Zug als Kurier nach Dresden zu fahren. Ich verließ Zittau um Mitternacht und kam morgens in Klotzsche an.

Weiter ging es nicht auf den Gleisen. Also hieß es: Zu Fuß nach Dresden, wo in der Innenstadt kein Haus mehr unversehrt stand. In der herrlichen Silhouette der Stadt fehlte die mächtige Kuppel der Frauenkirche. Der Anblick ließ mir den Atem stocken.

Nach Erledigung meines dienstlichen Auftrags setzte ich mit Bangen meinen Weg zu unserem Wohnhaus fort, über Trümmer und Tote.

Im nahen Großen Garten lagen Hunderte Leichen. In der Nähe unseres völlig zerstörten Hauses entdeckte ich eine tote Frau, die meiner Hilde von Weitem sehr ähnelte. In diesem Moment war es, als würde die Welt um mich herum kurz stehen bleiben, bis ich voll Erleichterung feststellte, dass eine andere bedauernswerte Person das tragische Schicksal ereilt hatte. Alles war ausgebrannt, kein Mensch war mehr da. So verbrachte ich Stunden entsetzlicher innerer Qual und Ungewissheit. Auch in der Canalettostraße 30, Papsdorfs Wohnung, war alles ausgebrannt, auch hier keine Menschenseele anzutreffen. Ich beschloss, am nächsten Morgen nach Loschwitz zu Tante Hannchen zu fahren.

Wieder zu Fuß, traf ich im Laufe des Vormittags in Loschwitz ein, als ich plötzlich jemanden die Worte sagen hörte: „Da ist ja Walther!" Mein Schwager Erich stand etwa zwanzig Schritte oberhalb von mir auf dem 2. Steinweg, an seiner Seite lehnte an einem Geländer meine Hilde. Für einen Augenblick starrten wir uns nur fassungslos an, dann stürmte sie mir entgegen und stammelte unter Umarmungen und Küssen schluchzend: „Wir leben alle!"

„Hilde, Gott sei Dank!" Ich drückte sie so fest an mich, dass sie nach Luft schnappen musste.

Wir lachten und weinten zugleich und waren überglücklich, uns endlich wiederzusehen.

Recherchen in der Nachkriegszeit ergaben die folgende Schreckensbilanz der Bombenangriffe auf Dresden 1945: „Am 13. Februar warfen beim ersten Angriff auf Dresden 244 Bomber 900 t Bomben ab. Am 14. folgten 528 Bomber, sie warfen 1.500 t ab. Mittags wurden von 313 Bombern weitere 771 t abgeworfen. Am 15. folgte die letzte Welle mittags, 210 Bomber luden auf die zerstörte Stadt noch einmal 460 t ab. In Summe hatte Dresden somit die Last von über 3.600 t Bomben zu verkraften. Durch die enorme Hitze des Feuers der brennenden Stadt schmolzen viele Fensterscheiben, sie konnten der Hitze nicht standhalten. Zehntausende Tote lagen auf Dresdens Straßen. Historiker sprechen heute von 25.000 bis 40.000 Toten, die diese Angriffe gefordert haben."[50]

Nahezu alles, was schön war in Dresden, war zugrunde gegangen. Unser Heim in der Comeniusstraße 45 war im Jahr 1945 nach 45 Jahren in Familienbesitz vernichtet worden. Schöne Feste hatten wir dort an blumengeschmückter

---

[50] Baedecker Reiseführer Dresden.

Tafel im weiteren Familienkreis in steter Harmonie gefeiert. In den behaglichen Räumen hatte stets eine freudig gewährte Gastfreundschaft geherrscht.

Bildquelle: Richard Peter, sächsische Landesbibliothek, zerstörtes Dresden 1945

Erholung hatte uns der Aufenthalt in der Gartenlaube unter schattigen Bäumen gegeben. Von unserem Balkon im ersten Stock hatten wir einen entzückenden Blick auf die Bäume des großen Gartens gehabt, mit der Glyzinie, die ihre blauen Blüten wie ein Meer weit über das erste Stockwerk hinaus spannte.

Das war nun alles dahin. Geblieben aber waren wir – ärmer an materiellen Dingen, aber reich an schönen Erinnerungen, die uns niemand rauben konnte. Geblieben waren auch unser Gottvertrauen und unsere Fügung in Gottes Willen, die uns stark machten, festen Mutes in die dunkle Zukunft zu schauen.

Da wir in Loschwitz nicht bleiben konnten – der Platz bei Kapitzkys war für die vielen Obdachlosen zu klein – beschlossen wir, dass Hilde und die Kinder nach Moritzburg gehen sollten. Wir marschierten zuerst zu Fuß und fuhren dann auf einem Lastkraftwagen, dessen hilfsbereiter Fahrer uns bis nach Radebeul mitnahm, wo wir uns im alten Gasthof Weißes Roß erfrischen konnten.

Mit der Bahn erreichten wir schließlich Moritzburg. Ich kehrte am nächsten Tag nach Zittau zurück, wo große Unruhe herrschte. Während sich vom Westen her englische und amerikanische Heere näherten, stand das sowjetische Heer um Bautzen und Kamenz.

Tausende von Flüchtlingen trafen Tag und Nacht ein, zu Fuß oder mit Pferdefuhrwerken. Es war ein jammervoller Anblick, all diese Menschen, die ihre Heimat infolge dieses wahnwitzigen Krieges verloren hatten!

Die militärische Lage wurde zugleich immer bedrohlicher. Schon standen die Russen bei Radeburg. Gerüchte über Gräueltaten aller Art gingen um. Die Gemeindeverwaltung von Moritzburg riet zum Verlassen des Ortes, für die Frauen war Schlimmstes zu befürchten. Schweren Herzens beschlossen wir, nach Tharandt zu ziehen, da anzunehmen war, dass die Sowjets an der Elbe stehen bleiben würden. Nur Marthel wollte Haus und Hof aufgrund ihres fortgeschrittenen Alters nicht verlassen. Ernst war der Abschied. Es bedrückte mich, sie zurückzulassen, aber meine Frau und meine Kinder brauchten mich.

In Dresden nahmen Paulsens uns in freundschaftlicher Weise für eine Nacht auf. Bald war Dresden von den Sowjets besetzt; Tag und Nacht schossen, hupten, sangen und schrien die Soldaten.

Um Berlin wurde gekämpft, aber der Krieg war verloren. Schlimm stand es um Moritzburg, bös war es im Schloss zugegangen, wie wir feststellten, als wir Wochen später zurückkehrten. Die vergoldeten Armsessel in der Schlosskapelle waren herabgestürzt worden, auf dem Altar Scheibenschießen veranstaltet. Viele Gemälde und Möbel waren zerstört worden, vor allem die kostbare Ledertapete.

Was wir aus Dresden hatten retten können, verloren wir nun in Moritzburg. Lediglich meine im Schloss Moritzburg untergebrachten Bilder konnten fast sämtlich gerettet werden. Nur auf zweien von ihnen hatten russische Soldaten Messerwerfen veranstaltet. Prof. Krause, der ehemalige Restaurator der Staatlichen Gemäldegalerie Dresden, hat sie später wiederhergestellt.

Auf unserem Grundstück standen zwei russische Langrohrgeschütze, Obstbäume waren umgesägt worden, im Hof war ein Schrapnell geplatzt. Im Ort waren die Plünderungen schlimm gewesen, Frauen vergewaltigt worden. Ich war so froh, dass Hilde und meinen Kindern nichts passiert war.

Im September 1945 siedelten wir dann dauerhaft nach Moritzburg um. Christian kam am 1. Oktober auf die Moritzburger Schule. Ein Deutsches Reich, eine Reichsregierung gab es nicht mehr. Deutschland war besetzt und in vier Zonen getrennt. Guthaben wurden beschlagnahmt, die Verkehrslage wurde immer schwieriger, die Ernährung unzureichender.

In vielem ähnelte die Zeit der in den ersten Jahren nach 1918. Auf lange Sicht schien eine Besserung ausgeschlossen, aber der Glaube an eine glücklichere Zukunft, zumindest für unsere Kinder, ließ uns zäh und unverdrossen für ein schöneres Leben arbeiten.

Landeskirchenamt
1946–1963

In Moritzburg gab es auf dem eigenen Grund viel Arbeit: Holz sammeln, sägen und hacken, Kohlen beschaffen, Ausbesserungen am Haus vornehmen. Am 1. November zog der Untermieter aus, sodass wir endlich nicht mehr so eng wohnten wie bisher. Das Zimmer im Erdgeschoss links wurde neu hergerichtet und ich konnte dort mein Reich mit den geretteten Bildern, Büchern und elterlichen Möbeln einrichten.

Um die Familie ernähren zu können, nahmen wir Heimarbeit an. Unter Zeitdruck mussten wir Kinderspielzeug mit übel riechender Farbe bemalen, Hühner und Schafe aus Pappe gestanzt. Täglich fiel der Strom aus, dann ging es bei Kerzenschein weiter, was für mich mit meinem einen Auge sehr schwierig war. Aber das Soll musste nun einmal erfüllt werden. Im Oktober 1946 fand ich dann zu unser aller Glück eine Anstellung beim Evangelisch-Lutherischen Landeskirchenamt in Dresden als Oberkirchenrat und Baureferent und unsere finanzielle Lage entspannte sich etwas.

„Das Verhältnis von Christen und Kirchen in der DDR mit der sozialistischen Staatsführung war nahezu über die gesamte DDR-Zeit schwierig und mit gezielter staatlicher Unterdrückung verbunden. Christen stellten zum Zeitpunkt der Gründung der DDR 1949 mit ca. 92 Prozent eine deutliche Mehrheit ihrer Bevölkerung dar. Die größte Religionsgemeinschaft waren die evangelischen Landeskirchen, bis 1969 gesamtdeutsch in der EKD und anschließend im Bund der Evangelischen Kirchen in der DDR organisiert, gefolgt von der römisch-katholischen Kirche. Im Laufe der Zeit verminderte sich die Zahl der Kirchenmitglieder, unter anderem aufgrund einer atheistischen Bildungs- und Religionspolitik, die ein nicht-religiöses und materialistisches Weltbild propagierte und Repressionen gegenüber Gläubigen und Kirchen beinhaltete. Nach zeitweiser Neutralität nach dem Ende des Zweiten Weltkrieges erhöhten sich schnell die Spannungen zwischen DDR-Führung und den Kirchen. In der Folge versuchte die Regierung aktiv und mit Repressionen, den Einfluss der Kirchen zurückzudrängen. Erst mit dem Mauerbau 1961 entspannte sich die Situation und es kam zu gegenseitigen Zugeständnissen. Dennoch blieben die Kirchen Zentren des Widerstands gegen die DDR, sodass sie im Wendeprozess eine entscheidende Rolle spielten. Die staatlichen Maßnahmen verstärkten eine Entchristlichung der gesamten Gesellschaft. Der atheistische Marxismus-Leninismus, die Staatsideologie der DDR, postulierte ein Verschwinden von Religion auf dem Weg zum Kommunismus, auf dem sich die SED sah. Die Kirchen waren für den Staat schon aus diesem Grund ideologische Gegner (Religion als „Opium des Volkes"), auch wenn in der DDR-Kirchenpolitik immer wieder harmonisierende Tendenzen vorhanden waren. Außerdem waren für den Staat die zwar im Laufe der Zeit schwächer werdende, aber gleichwohl stets hohe Verbundenheit mit den westdeutschen Kirchen ein großes Problem. Bis 1969 waren die Evangelischen Landeskirchen immer noch gesamtdeutsch in der Evangelischen Kirche in Deutschland organisiert. Die Kirchen konnten ihre eigenen Verhältnisse weitgehend eigenständig regeln. Es gab kirchliche Verlage und Zeitungen sowie eine Vielzahl von sozialen Diensten und Institutionen. Sie waren zudem auch bedeutende Flä-

cheneigner und betrieben Landwirtschaft. Allein der Groß-
privatwald machte über 30.000 ha Fläche aus und bedingte
eine bedeutende kirchliche Forstverwaltung mit eigenen
Trachten und Abzeichen. Die DDR versuchte den Einfluss
der Kirchen zurückzudrängen und vor allem junge Menschen kirchlichem Einfluss zu entziehen. Konfliktfelder waren der Streit um den Religionsunterricht, die Einführung
der Jugendweihe, kirchliche Jugendarbeit, die Zulassung
der Kinder von christlichen Eltern bzw. Kirchenmitarbei-
tern zur Erweiterten Oberschule und die Einführung des
Wehrunterrichts. Christlich konnotierte Begriffe und Formulierungen wurden im Sprachgebrauch von Verwaltung,
Schulen und Universitäten durch neutrale Formulierungen
ersetzt.

Nach dem Ende des Zweiten Weltkrieges und dem daraus
folgenden Zusammenbruch der nationalsozialistischen
Herrschaft wurden auch die Karten in der Kirchenpolitik
neu gemischt. Zunächst begannen sich die in der Sowjetischen Besatzungszone (SBZ) überwiegenden protestanti-
schen Landeskirchen neu zu organisieren, Kirchenführun-
gen wurden ausgetauscht und neue leitende Organe eingeführt oder wiederbelebt. Die Sowjetunion akzeptierte die
Autonomie der Kirche und ihrer Rechtsstellung sowie
kirchliche Arbeit wie Diakonie, setzte jedoch eine Trennung von Religion und Staat durch. Die Kirchen bekannten
sich vorerst weder zur parlamentarischen Demokratie
noch zum Kommunismus. Mit der II. Parteikonferenz der
SED 1952 kehrte die SED von ihrer Position bedingter
Neutralität gegenüber der Kirche ab. Der nun verkündete
„Aufbau des Sozialismus" erfordere eine „Verschärfung des
Klassenkampfes", aus dem auch ein offensives Vorgehen
gegen die Kirche abgeleitet wurde. So ordnete Erich Mielke

eine umfassende Beobachtung „der Kirche und zugehörigen Organisationen sowie CDU" durch das Ministerium für Staatssicherheit an, da diese „reaktionären Personengruppen" Gegner des sozialistischen Aufbaus seien. Verhaftungen und Verurteilungen liefen bereits. Zuschüsse wurden um 25 % gekürzt und 1956 der Einzug von Kirchensteuern eingestellt. Ein besonderer Dorn im Auge der Partei war die evangelische Jugendarbeit der Jungen Gemeinde, die wegen ihrer Verbindungen zur westdeutschen Kirchenjugend der Illegalität und Staatsfeindlichkeit verdächtig wurde. Im Januar 1953 wurde ein ganzer Maßnahmenkatalog gegen diese Jugendorganisation und ihre Mitglieder beschlossen, während gleichzeitig die FDJ ihre Arbeit verstärken sollte. Auch gegen soziale und karitative Arbeit richteten sich Eingriffe des Staates. Nach dem Bau der Mauer 1961 wurde die EKD organisatorisch aufgesplittet, um den Betrieb aufrechterhalten zu können."[51]

„Maßnahmen wie die unnötige Verbannung des Religionsunterrichts aus den Schulen, die Einführung der Jugendweihe, sowie die systematische Benachteiligung von bekennenden Christen haben dazu beigetragen, dass das Christentum in der DDR zu einem Nischendasein führen musste.

Trotz der systematischen Unterdrückung und Ausgrenzung der Kirchenmitglieder war es dem DDR-Regime nicht gelungen zu verhindern, dass sich die Kirchen zu Orten der Opposition und des Widerstandes gegen das SED-System entwickelten und damit eine entscheidende Rolle bei der friedlichen Revolution im Oktober 1989 spielten."[52]

---

[51] Wikipedia: Kirchen und Christen in der DDR.
[52] Sächsische Landeszentrale für politische Bildung.

Der Geschäftsbereich meines neuen Berufs umfasste unter anderem die Oberaufsicht über alle Bauten von Kirchen und sonstigen Gebäuden und deren Zubehör. Eine der Hauptaufgaben nach dem Krieg war natürlich der Wiederaufbau und die Instandsetzung der zerstörten und beschädigten Kirchen sowie vieler anderer kirchlicher Gebäude.

Das Ausmaß der Zerstörung war verheerend: 48 Kirchen lagen völlig in Schutt und Asche, 97 waren schwer und 279 leicht beschädigt. Völlig vernichtet waren außerdem 38 Pfarrhäuser und 69 sonstige Gebäude, etwa 300 Gebäude waren beschädigt. Durch die Grenzziehung der Oder-Neiße-Grenze waren 9 Kirchen verloren gegangen.

Am schwersten hatte Dresden gelitten. Ein besonders schmerzlicher Verlust war die Frauenkirche, George Bährs herrliches Werk, dessen Kuppel Dresden stolz als sein Wahrzeichen präsentiert hatte. Ferner zerstört wurden die Sophienkirche, die Dreikönigskirche, die Johanneskirche, die Zionskirche, die Erlöserkirche, die Andreaskirche, die Loschwitzer Kirche und George Bährs schönes Werk, die Ehrlichsche Gestiftskirche. Schwer beschädigt wurden die Kreuzkirche, die Annenkirche, die Petrikirche und viele andere. Da die Annenkirche weniger stark gelitten hatte als die Kreuzkirche, nahmen wir ihre Wiederinstandsetzung vordringlich in Angriff.

Das Dach war bereits fertiggestellt, nun sollte es an die innere Instandsetzung gehen. Altar (bis auf das Altarbild), Orgel und Gestühl waren noch vorhanden. Von den im Krieg abgegebenen Glocken (etwa 1.000) waren 419 Glocken verhüttet worden, der Rest lagerte in Hamburg.

Von links: Landesbischof Meiser (München), Landesbischof
Hahn (Dresden), Präsident des Landeskirchenamts Sachsen
Kotte. Mit Widmung von Landesbischof Hahn

„Hugo Hahn wurde am 21. September 1886 in Reval (heute
Tallin, Estland) geboren. Hahn studierte Theologie und war
von 1910 bis 1919 als Pfarrer in Estland tätig. Nach der Er-
schießung seines Bruders und weiterer baltischer Pfarrer
ist die Familie 1919 nach Deutschland ausgewandert. Hahn
übernahm eine Pfarrstelle im Eichsfeld, später an der
Thomaskirche Leipzig. 1930 wurde er als Erster Pfarrer an
die Frauenkirche in Dresden berufen, zugleich war er Su-
perintendent von Dresden-Land. Nach der Machtübernahme der Nationalsozialisten im Jahre 1933 und der Einflussnahme der Deutschen Christen auf die Geschicke der
Landeskirche, war Hugo Hahn einer der ersten aktiven
Gegner. Im Jahr 1934 wurde Hahn kurzzeitig verhaftet und

seines Amtes enthoben, 1938 wurde er durch die Gestapo aus Sachsen ausgewiesen und aus dem Dienst der Sächsischen Landeskirche entlassen. Unmittelbar nach dem Krieg wurde Hugo Hahn Mitglied des Rates der Evangelischen Kirche Deutschlands. 1947 konnte er nach Sachsen zurückkehren. Am 21. Oktober 1947 wurde Hugo Hahn im Dom zu Meißen in das Amt des Sächsischen Landesbischofs eingeführt. Seine Aufrichtigkeit und sein Widerstand in den Zeiten des Nationalsozialismus haben ganz wesentlich zur Glaubwürdigkeit der Kirche nach dem Krieg beigetragen."[53]

Der Dom in Meißen hatte infolge des bei einer Brückensprengung im Jahre 1945 entstandenen Luftdrucks großen Schaden am Dach erlitten. Dieses wurde etwa 25 Zentimeter gehoben und senkte sich dann wieder, sodass die meisten Dachziegel brachen und herabfielen.

Auch besonders an einem Turm waren dringende Schäden auszubessern. Das Landeskirchenamt hatte das Domkapitel gebeten, in Zukunft vor größeren und kostspieligen Instandsetzungsarbeiten den Kostenvoranschlag im Landeskirchenamt vorzulegen, damit über die Aufbringung der Mittel rechtzeitig beraten werden konnte. Eine gemeinsame Besichtigung der Schäden des Doms erfolgte durch das Landesamt für Denkmalschutz und das Landeskirchenamt am 03.02.1950.

Eine große Anzahl an Kirchengemeinden hatte zunächst Orgeln und Glocken beschafft, ohne an die Herstellung der gottesdienstlichen Räume zu denken. Unser Ziel war allerdings, zuerst die Kirchen instand zu setzen und dann erst Glocken und Orgeln zu beschaffen. Durch die Zunahme der

---

[53] Friedenskirchgemeinde Radebeul.

Bevölkerung war es außerdem nötig, Friedhofserweiterungen durchzuführen. Um Entscheidungen vom grünen Tisch zu vermeiden, hatte das Landeskirchenamt veranlasst, dass die Bezirkskirchenämter ein jedes Bauvorhaben erst auf seine Dringlichkeit prüfen mussten, bevor das Landeskirchenamt eine Bauhilfe gewähren konnte.

Dem Landeskirchenamt selbst stand die Baukammer bzw. deren geschäftsführender Ausschuss beratend zur Seite. Dem geschäftsführenden Ausschuss gehörten 1950 E. Hempel, O. Hempel, Müller, Nadler, Rietschel und ich selbst an.

Bei allen Bauvorhaben, die unter Denkmalschutz standen, wurde der bewährte Rat des Amtes für Denkmalschutz erbeten, in dessen Denkmalrat das Landeskirchenamt durch mich als den Baureferenten vertreten war. Nach eingehender Aussprache beschloss die Baukammer am 09. Januar 1950 einstimmig grundsätzlich den Wiederaufbau der Frauenkirche.

„Prof. Dr. Henn, Technische Hochschule Dresden, berichtete über den Stand der Trümmerberäumung der Frauenkirche: Nunmehr ist der 1. Bauabschnitt beendet, 15.000 cbm sind beräumt. Die technischen Bedingungen für den Wiederaufbau der Frauenkirche sind günstig. Die Zeichnungen des Architekt Kiesling sind vorhanden. Steinebeschaffung ist kein Problem. Da das Landesamt für Denkmalpflege in dieser Zeit jedoch noch nicht über Beihilfemittel verfügte, übernahm das Ev.-Luth. Landeskirchenamt, veranlasst durch den Baureferenten Dr. Walther Hultsch, die Kosten, die noch ergänzt wurden durch zahlreiche

Spenden, welche für die Beräumung von etwa 600 Kubik-metern Trümmermassen und ihre wissenschaftliche Bearbeitung erforderlich waren."[54]

Während der Bombardierung Dresdens in der Nacht vom 13. zum 14. Februar 1945 brannte die Sophienkirche vollkommen aus. Sie war damit eine von 27 zerbombten Kirchen der Stadt. Überreste bedeutender Kunstwerke, darunter die Porträts der Hofprediger und anderes bewegliches Kunstgut, wurden im Juni 1945 aus der Kirche entfernt und in das Grüne Gewölbe, den erhaltenen Heizungskeller der Frauenkirche, das Stadtmuseum und die Annenkirche gebracht.

Einzelne Teile lagerte man in das Museum für mittelalterliche Kunst auf der Albrechtsburg in Meißen um.

Eine Sicherung der Sophienkirchruine war aufgrund der finanziellen und materiellen Notlage der kirchlichen Denkmalpflege 1945 nicht möglich. Der erste Winter setzte dem Sandstein der Ruine weiter zu, sodass die Gewölbe und Pfeiler der Sophienkirche am 28. Februar 1946 zusammenstürzten. Nur drei Tage zuvor war die Bergung der Kunstwerke abgeschlossen gewesen. Im Juli 1948 wurden die Glocken aus den Trümmern der Kirche geborgen und an die Emmauskirche in Kaditz und die Kapelle Mickten übergeben.

Während die Kirche bis 1949 noch in die städtebauliche Planung einbezogen war, stand sie danach in Aufbauplänen zunehmend zur Disposition. Die Stadt schätzte den Wiederaufbau der Kirche zwar als möglich ein, kritisierte jedoch einen fehlenden Verwendungszweck.

---

[54] Ludwig Güttler: *Der Wiederaufbau der Dresdner Frauenkirche.*

In Übereinstimmung mit Denkmalpfleger Prof. Hans Nadler stellte das Evangelisch-Lutherische Landeskirchenamt 1949 fest, dass der finanzielle Aufwand für den Wiederaufbau nicht dem geschichtlichen Wert der Kirche entspräche, da vom alten, ursprünglichen Bestand fast nichts mehr erhalten sei.

Die Kirchenleitung beschloss daher auf ihrer Sitzung am 02. August 1949, die Ruine nicht zu erhalten. Die Särge der Wettiner wurden im August 1950 in den Freiberger Dom überführt und Skulpturen 1951 an das Dresdner Stadtmuseum übergeben.

Am 11. August 1950 sprengte man den erhaltenen Südturmhelm der Sophienkirche, da man Kupferblech zum Decken der Dresdner Kreuzkirche benötigte. Die Sprengung zerstörte allerdings einen Großteil des Kupfermaterials. Als während der Großflächenentrümpelung der Dresdner Innenstadt Anfang 1951 die Kirche verschwinden sollte, wandte sich Hans Nadler an die Stadt und das Landeskirchenamt Sachsen und legte den historischen Wert des Gebäudes ausführlich dar. Wegen ihrer kunstgeschichtlichen Bedeutung nahmen die Verantwortlichen die Ruine 1951 von der Großberäumung des Postplatzes aus. Dennoch entschloss sich das Landeskirchenamt 1951, die Ruine dem Verfall preiszugeben. Dies hatte vor allem einen Grund: Da die Sophienkirche eine Personengemeinde ohne eigenen Gemeindebezirk hatte, die zudem nach Ende des Krieges praktisch nicht mehr existierte, war der Aufbau als Gotteshaus nicht dringlich.

„Da alle Innenstadtkirchen Dresdens stark beschädigt oder zerstört waren, war beim Aufbau schon aus finanziellen Gründen eine Auswahl unumgänglich: Allein die Instandsetzung der Sophienkirche hätte die gesamten Mittel

für den kirchlichen Wiederaufbau mehrerer Jahre ver-
schlungen."[55]

„Im Frühjahr 1953 wurden diakonische Einrichtungen
enteignet. Mehrere Mitarbeiter wurden verhaftet. Verwei-
gerungen von nötigsten Baumaßnahmen sollten die Kirchenprovinz gefügig machen. Später ließ der Staat die kir-
chenkampf-ähnlichen Maßnahmen fallen. Die Machtfrage
war geklärt. In den Lücken des Systems aber gab es zuver-
sichtliche Gemeindearbeit. Funktionen der Region und des
Kirchenkreises wurden gestärkt durch aktivere Mitverant-
wortung von Laien in der Leitung. Das neue Modell erwies
sich als tragfähig. Die Kirchenprovinz hatte Rückhalt in dieser Zeit. Finanzielle Hilfeleistungen der westdeutschen Kirchen spielten eine entscheidende Rolle – für die Ausbil-
dungsstätten, die Bauaufgaben und die Motorisierung, für
die Modernisierung diakonischer Einrichtungen."[56]

---

[55] Matthias Lerm: *Abschied vom alten Dresden.*
[56] www.ekmd.de/kirche/geschichte

Unmögliches möglich machen
Ab 1945

Der Wiederaufbau war ein mühseliges Unterfangen. An allen Ecken und Enden fehlte es an Material und Arbeitskraft. Architekt Steudtner berichtete über die Bemühungen des Landeskirchenamts um Zuteilung von Baumaterial, insbesondere von 15 Tonnen Zement, um den Rest des Daches der Kreuzkirche in Dresden noch erstellen zu können. Diese Bemühungen waren bis dahin trotz aller Zusagen vergeblich.

Eisen wurde aus alten Beständen verwendet, da Einsturzgefahr bestand. Das Dach auf der Westseite wurde aus altem Kupfer wiederhergestellt. Der Altar war nicht mehr brauchbar, er musste erneuert oder der alte verwendet werden, der zu dem Zeitpunkt in Bad Schandau stand. Der Antrag auf Aufnahme der Kreuzkirche in den öffentlichen Investitionsplan wurde abgelehnt, obwohl keine Baustoffe verlangt wurden. Die Verhandlungen darüber gingen aber weiter.

Firmen, die früher nie etwas mit der Kirche zu tun hatten, stellten nun serienmäßig maschinell Gegenstände des kirchlichen Bedarfs her. Es galt, die Kirchengemeinden vor Fehlgriffen bei der Anschaffung künstlerischen Inventars zu bewahren und sicherzustellen, dass nur die künstlerische und solide handwerkliche Arbeit in unseren kirchlichen Räumen Platz fand. Hier bedurfte es der Schulung, etwa durch Vorlesungen an der Universität Leipzig über Kunstgeschichte und Ausflüge in die Umgebung mit Besuch wertvoller Kirchen. Ein Lehrstuhl für kirchliche Baukunst war unter den gegebenen Umständen nicht zu erreichen.

Zum Thema kirchliche Belange in der Stadtplanung Dresden berichtete ich an anderer Stelle, dass der beim Stadtplanungsamt bearbeitete Neubebauungsplan Anfang 1950 zur öffentlichen Diskussion gestellt werden und mit einem Wettbewerb verbunden sein sollte. Die Öffentlichkeit sollte dann Gelegenheit haben, den Plan zu beurteilen, Vorschläge einzureichen, Anregungen zu geben und Wünsche anzumelden.

Auf der Denkmalpfleger-Tagung der DDR trug ich am 26.11.1951 von den Erfahrungen und Ergebnissen der Denkmalpflege Sachsen in Ostberlin vor. Ministerpräsident der DDR, Otto Grotewohl, schrieb als Grußwort anlässlich der Berufung der Staatlichen Kommission für Kunstangelegenheiten:

„Es ist für die Regierung einer antifaschistisch-demokratischen Ordnung nicht möglich, den arbeitenden Menschen nur zur Steigerung seiner Arbeitsleistung aufzurufen. Eine solche Regierung hat vielmehr die Verpflichtung, die durch Mehrarbeit erworbenen Werte dem arbeitenden Menschen dadurch wieder zuzuführen, dass sie ihn nach der Befriedigung seiner materiellen Bedürfnisse auf die breite Straße eines schönen und kulturellen Lebens führt."[57]

Von dieser breiten Straße war während meiner Tätigkeit im Landeskirchenamt nichts zu spüren, vielmehr wurden uns seitens der DDR-Regierung große Steine in den Weg gelegt.

Im Juli 1955 gab ich in der Baukammersitzung vor Eintritt in die Tagesordnung bekannt, dass Prof. Dr. Eberhard Hempel aus Altersgründen den Vorsitz in der Baukammer

---

[57] Tagesordnung der Denkmalpfleger-Tagung der DDR 26.-28.11.1951.

niedergelegt hatte. Hempel wurde als Professor für Geschichte der Baukunst und Allgemeine Kunstgeschichte an die Technische Hochschule Dresden berufen.

Nach dem Zweiten Weltkrieg wurden die Lehrstühle für Geschichte der Baukunst und Allgemeine Kunstgeschichte unter Hempel zusammengelegt. Die Lehrveranstaltungen Hempels dienten der Ausbildung von Architekten und boten einen Überblick über die Kunstgeschichte. Auf meinen Vorschlag hin wurde die Ernennung von Prof. Rauda (Architekt und Stadtplaner, ab 1952 als Professor an der TU Dresden am Lehrstuhl für Wohnungsbau und Entwerfen tätig), in Dresden zum Vorsitzenden der Baukammer und Mitglied des geschäftsführenden Ausschusses begrüßt. Zugleich wurde der Wunsch ausgesprochen, auch Prof. Walther Hentschel – er leitete den Wiederaufbau der nichtstaatlichen Museen im Lande und kam 1950 als Oberassistent von Eberhard Hempel an das Institut für Kunstgeschichte der TH Dresden und wurde dort 1953 Professor – in den geschäftsführenden Ausschuss zu wählen.

Die Teilnehmer der Baukammer waren neben mir die Herren Bachmann, Hempel, Hentschel, Henn, von Kirchbach, Kotte, Muntschick, Müller, Nadler, Rauda, Richter, Rietschel und Rissmann.

In einem städtebaulichen und architektonischen Wettbewerb zur Ost-West-Magistrale in Dresden 1953 saßen unter anderem Rauda und Nadler in der Jury.

Erich Kotte war Jurist und Präsident des Evangelisch-Lutherischen Landeskirchenamtes Sachsen. Hans Nadler konzentrierte sich in Fragen der städtebaulichen Planung zum Wiederaufbau von Dresden vor allem auf die Darlegung grundsätzlicher Anknüpfungspunkte. Wichtig war ihm die einzigartige Elbsilhouette mit der wiederaufgebauten

Frauenkirche und eine großzügige Verbindung von Alt- und Neustadt.[58]

Prof. Eberhard Hempel schrieb in Heft 2/1963 von *Kunst und Kirche* zum Schicksal der Frauenkirche Dresden: „... So drang das Bemühen von Dr. Walther Hultsch, Referent für Baufragen beim Landeskirchenamt, der das seinige tat, um auch die Frauenkirche wieder erstehen zu lassen, nicht durch."

---

[58] Denkmalpflege im Sozialismus – das sächsische Beispiel.

Kunst und Kirche. Handschriftlich: „Herrn Dr. Hultsch
in alter Verbundenheit von dem Autor des Aufsatzes
Zum Schicksal der Frauenkirche Dresden, Dr. E. Hempel,
gewidmet. Juli 1963."

„Die Überzeugung, dass die vollständig zerstörte Frauen-kirche wieder aufgebaut werden müsste, teilten viele Menschen in- und außerhalb Dresdens. Aber es sollte 45 Jahre dauern, bis die Erfüllung dieses Wunsches in greifbare Nähe rückte. Ganze 60 Jahre mussten vergehen, ehe die Frauenkirche wieder in ihrer vollen barocken Schönheit die Tore für die Menschen öffnen konnte.

Erste Bestrebungen zum Wiederaufbau gab es schon in den letzten Kriegsmonaten. Da in der DDR der Wiederaufbau dieser Kirche jedoch keine Priorität hatte".[59] Unter anderem fehlte die Gemeinde für die über 1.600 Sitzplätze fassende Kirche.

Massenhafte Kirchenaustritte in dem atheistischen Staat DDR waren zu verkraften. Und es gab keine vom Staat an die Kirche abgeführte Kirchensteuer – waren die notwendigen Voraussetzungen erst nach der Wiedervereinigung Deutschlands gegeben.

„Dank der beeindruckenden Initiative von Bürgern wurde die Wiederaufbauidee in die ganze Welt getragen. Über elf Jahre hinweg wurde die Kirche Stück für Stück wieder aufgebaut – getreu den Vorgaben George Bährs und unter weitestgehender Verwendung historischer Materialien."[60]

„Den Wunsch, die Frauenkirche wieder aufzubauen, gab es vom Tag des Einsturzes an. Allerdings hatte weder die Landeskirche noch die Stadt Dresden nach Beendigung des 2. Weltkrieges die finanziellen Mittel und technischen be-

---

[59] https://www.boehme-systeme.de/modules/showcase/..
[60] https://rundfunk.evangelisch.de/kirche-im-tv/zdf-gottesdienst/zdf-gottesdienst-aus-dresden ..

ziehungsweise personellen Möglichkeiten, den Wiederaufbau aus eigener Kraft zu bewerkstelligen. Trotzdem setzten sich die Landeskirche und das Landesamt für Denkmalpflege für einen Wiederaufbau ein. Bereits ein Jahr nach Kriegsende rief die Evangelisch-Lutherische Landeskirche Sachsens zu einer Spendenaktion auf. Das Landesamt für Denkmalpflege führte erste Untersuchungen über die Möglichkeit einer archäologischen Rekonstruktion durch. Grundlage dafür bildeten die Baudokumentationen, die während der Restaurierungs-arbeiten vor und während des Zweiten Weltkrieges angefertigt wurden.

Die politischen Verhältnisse in der damaligen DDR ließen jedoch die Fortsetzung der begonnenen Arbeiten nicht zu. Mehrfach bestand sogar die Gefahr der vollständigen Beräumung der Ruine. Ende der 1980er-Jahre setzten sich dann namhafte Persönlichkeiten für einen Wiederaufbau der Frauenkirche ein und begannen Spenden zu sammeln."[61]

„Am 30. Oktober 2005 wurde der Wiederaufbau durch die festliche Weihe der Kirche abgeschlossen. Zentrale Veranstaltung war der Weihegottesdienst mit anschließendem Festakt am Sonntag, der live im Zweiten Deutschen Fernsehen und auf den Neumarkt übertragen wurde. Im Festgottesdienst weihte Landesbischof Jochen Bohl die Frauenkirche ein. Im Vorprogramm des Gottesdienstes musizierten Bläser der Sächsischen Posaunenmission vor der Frauenkirche. Der Gottesdienst begann im Freien mit der Begrüßung der Besucher auf dem Platz und der Fern-

---

[61] www.frauenkirche-dresden.de

sehzuschauer. Danach trugen Jugendliche sakrale Gegenstände (Bibel, Altarkreuz, Leuchter, Kelche, Taufschale
etc.) in die Kirche hinein." 62

Im Verlauf des Gottesdienstes wurden neben dem Kirch-
raum die Kanzel, der Taufstein, der Altar und die Orgel ge-
weiht. Kirchenmusikalisch wurde der Festgottesdienst
vom Kreuzchor, dem Chor, dem Kantor und dem Organis-
ten der Frauenkirche sowie dem Blechbläserensemble
Ludwig Güttler ausgestaltet. Unter den 1.700 Besuchern
befanden sich zahlreiche Ehrengäste – der Bundespräsi-
dent, der Bundeskanzler, der Herzog von Kent, die Botschafter Frankreichs, Großbritanniens und der USA, zahlreiche Staatsminister und Ministerpräsidenten, ehemalige
Bundespräsidenten sowie Bischöfe aus dem In- und Ausland. Gekrönt wird das barocke Altstadt-Panorama nun
wieder von der Frauenkirche – schöner als je zuvor – wie
gelegentlich alte Dresdener bekennen, manche mit Tränen
in den Augen.

„In der Tat können sich auch weniger kunstsinnige Besucher dem Zauber der zarten Pastellfarben kaum entziehen.
Bemalungen in Hellblau, Hellgrün, Rosé, Vanillefarben und
Golden zieren den gesamten vierstöckigen Innenraum mit
seinen vielen Emporen und Balkonen, der 1.800 Menschen
Platz bietet. Der Neuaufbau kostete seit 1990 nicht weniger
als 180 Millionen Euro.

Zwei Drittel davon wurden aus Spendengeldern finanziert. Fraglos ist die Frauenkirche das architektonisch bedeutendste protestantische Bauwerk in Deutschland. Sie

---

62 https://www.boehme-systeme.de/modules/showcase/article

symbolisiert den Stolz und den ungebrochenen, unerschütterlichen Lebenswillen der Stadt Dresden – trotz aller Katastrophen, Hindernisse und Rückschläge."[63]

Spendenaufruf zum Wiederaufbau
der Dresdner Frauenkirche

---

[63] www.planet-wissen.de

Lebensabend
1963–1983

Fritz Steudtner war einer meiner sehr geschätzten Wegbegleiter, als ich Baureferent der Landeskirche Sachsen war. „Steudtner widmete sich ab 1945 vor allem dem Kirchenumbau und der Kirchenmodernisierung. Ab 1950 war er Baupfleger der Evangelisch-Lutherischen Landeskirche Sachsens. Er war Leiter des Wiederaufbaus der Dresdner Kreuzkirche und am Umbau und der Restaurierung der Leipziger Thomaskirche und der Wartburg beteiligt. Im Jahr 1956 entwickelte er einen Nutzungsplan für die vom Abriss bedrohte Dresdner Sophienkirche, der jedoch nicht umgesetzt wurde. Ausgeführte Kirchenneubauten sind die Kreuzkapelle in Mauersberg und die Kirche in Neuendorf bei Cottbus, an deren Bau er maßgeblich beteiligt war."[64]

Anlässlich meiner bevorstehenden Pensionierung dachte Steudtner sich etwas ganz Besonderes als Abschiedsgeschenk für mich aus. Er verfasste eine Aufstellung mit Namen der Personen, mit denen ich in meiner Zeit bei der Landeskirche zusammengearbeitet hatte – das waren Steinmetze, Tischler, Bildhauer, Kunstmaler, Bischöfe und Architekten in Ost- und Westdeutschland, Denkmalpfleger, Pfarrer. An alle diese Personen schrieb Steudtner einen persönlichen Brief, in dem er auf meine anstehende Pensionierung hinwies und eine Bitte äußerte: Jeder dieser Kollegen solle die gemeinsam mit mir umgesetzten Projekte betreffend Fotos oder Zeichnungen zur Verfügung stellen. Steudtner sammelte die zahlreichen Zusendungen und ließ

---

[64] Wikipedia: Fritz Steudtner.

dann daraus eine Mappe binden. So entstand eine sehr schöne Dokumentation dessen, was wir gemeinsam in den Jahren für die Kirche und Denkmalpflege geschaffen hatten. Zudem erhielt ich diese Urkunde:

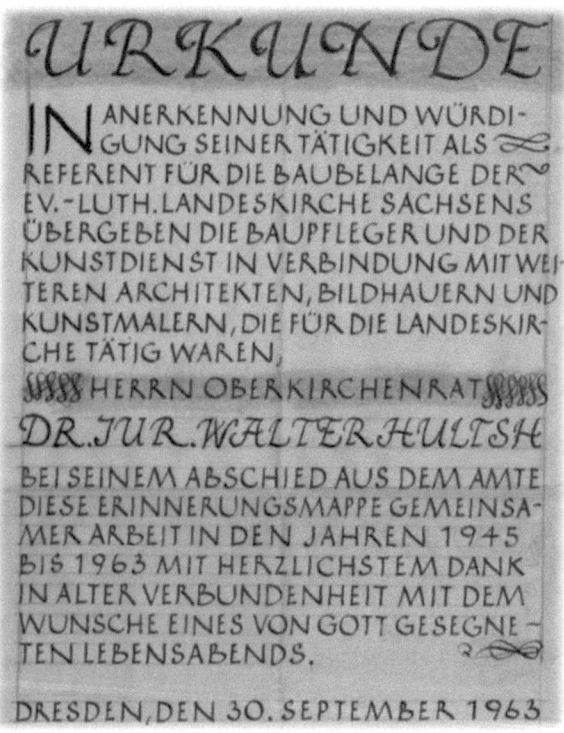

URKUNDE

IN ANERKENNUNG UND WÜRDI-
GUNG SEINER TÄTIGKEIT ALS
REFERENT FÜR DIE BAUBELANGE DER
EV.-LUTH. LANDESKIRCHE SACHSENS
ÜBERGEBEN DIE BAUPFLEGER UND DER
KUNSTDIENST IN VERBINDUNG MIT WEI-
TEREN ARCHITEKTEN, BILDHAUERN UND
KUNSTMALERN, DIE FÜR DIE LANDESKIR-
CHE TÄTIG WAREN,
HERRN OBERKIRCHENRAT
DR. JUR. WALTER HULTSH
BEI SEINEM ABSCHIED AUS DEM AMTE
DIESE ERINNERUNGSMAPPE GEMEINSA-
MER ARBEIT IN DEN JAHREN 1945
BIS 1963 MIT HERZLICHSTEM DANK
IN ALTER VERBUNDENHEIT MIT DEM
WUNSCHE EINES VON GOTT GESEGNE-
TEN LEBENSABENDS.

DRESDEN, DEN 30. SEPTEMBER 1963

Die Urkunde endet mit „... dem Wunsche eines von Gott gesegneten Lebensabends". Dass ich nach zwei überstandenen Weltkriegen nun in der Sowjetischen Besatzungszone, der späteren DDR, leben musste, war quasi die Ironie des Schicksals. Getrennt wurde dieses Deutschland durch einen Zaun, der sich von der Ostsee bis in den Süden grub, hinter dem Zaun waren Schutzstreifen, bewacht wurde diese Grenze von Soldaten und Hunden. Spannenderweise hielten diese Soldaten aber nicht den Feind ab, das Hauptaugenmerk lag auf flüchtigen DDR-Bürgern. Und weil diesen trotz des betriebenen Aufwands immer wieder die Flucht in den Westen gelang, wurde diese Grenze zu allem Überfluss auch noch mit Minen und Selbstschussanlagen ausgestattet. Ich lebte getrennt von meinem ältesten Sohn, der mit seiner Familie in Westdeutschland war. Nachdem er 1957 in den Westen ging, verbot ihm die DDR für 10 Jahre die Einreise.

Die ersten Jahre der Pensionierung bekam ich noch recht viel Besuch von alten Bekannten. Ich widmete mich gemeinsam mit meiner Schwester Marthel dem großen Grundstück in Moritzburg. An dem alten Haus gab es immer etwas zu reparieren. Von unserem Bekannten, dem Architekten Kolbe, ließ ich den Torbogen zwischen Haus und dem alten Stallgebäude herstellen, Treppen aus Sandstein führten hinab in den Garten. In meinem gemütlichen Zimmer verbrachte ich viel Zeit mit dem Studieren meiner Bilder und Zeichnungen, von denen einige Werke von namhaften Künstlern stammten. In Moritzburg wohnten die Maler Mailik und Timmler, mit beiden gab es immer wieder gesellige Treffen. Hilde bekam regelmäßig Besuch von Helga Kolbe, sie begleitete die Kammersängerin auf dem Steinway-Flügel im großen Zimmer. Häufig waren wir bei

Kolbes zu Gast, die in Oberloschwitz ein großes Haus mit schönem Garten besaßen. Immer wieder fuhren wir nach Berlin, wo wir unseren Sohn Christian treffen konnten. In Berlin trafen wir auch den Hamburger Anwalt Krusemark, mit dem ich im letzten Krieg in Riga gewesen war. Uns verbindet seitdem eine langjährige Freundschaft.

Für Wanderungen war Moritzburg ideal. Man sah mich oft mit meinem Stock spazieren, den ich bei guter Laune, ein Lied pfeifend, in der Hand im Kreis schwang. Häufige Ziele waren Frauenteich, die Waldteiche, aber auch ein Besuch des Leuchtturms am Großteich, im Sommer stand ein Besuch der Badeanstalt im Dippeldorfer Teich auf dem Programm. Ein Höhepunkt war, wenn der Dampfzug über den Damm mit klackerndem Geräusch durch diesen Teich fuhr.

„Die Wirtschaft in der Sowjetischen Besatzungszone wurde zunächst durch die sowjetischen Demontagen massiv beeinflusst. Bis Ende 1946 ließ man über 1.000 Betriebe, vor allem den Maschinenbau, die chemische und die optische Industrie sowie das jeweils zweite Gleis und die Elektrifizierung fast aller Bahnstrecken abbauen. In einer zweiten Etappe wurden Reparationen aus der laufenden Produktion entnommen und etliche Betriebe, die schon bestanden oder neu gegründet wurden, als sowjetische Aktiengesellschaften in das Eigentum der Sowjetunion überführt. Dadurch gingen der späteren DDR etwa 50 Prozent der industriellen Kapazitäten verloren, die auf ihrem Territorium bei Kriegsende bestanden hatten. 1945 führte man eine Bodenreform durch, bei der ungefähr ein Drittel der gesamten Wirtschaftsflächen zur Verteilung kamen.

Insbesondere Bauern und kleine Handels- und Gewerbebetriebe sollten durch erhöhte Abgaben zur Aufgabe ihrer

Selbstständigkeit gezwungen werden. Auch der Kurs gegenüber den Kirchen verschärfte sich. Größere Privatunternehmen wurden enteignet und in volkseigene Betriebe überführt. Auch in der Landwirtschaft begann die Kollektivierung. Die Bauern, die zum Teil erst in der Bodenreform wenige Jahre zuvor ihr Land bekommen hatten, wurden nun gedrängt, in landwirtschaftlichen Produktionsgenossenschaften einzutreten. Nachdem weit über eine Million Menschen aus der DDR geflüchtet waren, wurde ein Gesetz verabschiedet, das ein Verlassen der DDR ohne staatliche Genehmigung als „Republikflucht" kriminalisierte. Bis 1961 hatten knapp drei Millionen Menschen die DDR seit ihrer Gründung verlassen. Da es sich dabei oft um gut ausgebildete Menschen handelte, bedrohte diese Abwanderung die Wirtschaftskraft der DDR und letztlich den Bestand des Staates. Ab dem 13. August 1961 wurde deshalb die Berliner Mauer aufgebaut, um eine weitere Abwanderung zu stoppen. Höhere Löhne und Renten, staatlich subventionierte Mieten und Lebensmittelpreise sowie ein Wohnungsbauprogramm gehörten zu den Sozialleistungen, die das SED-Regime ausbaute, um die Zufriedenheit der Ostdeutschen zu steigern.

Da die Devisenknappheit weiter zunahm, baute Alexander Schalck-Golodkowski die Abteilung Kommerzielle Koordinierung innerhalb des Ministeriums für Außenhandel auf. Diese sollten mit allen Methoden zusätzliche Devisen beschaffen und bestehende Embargos gegen die DDR umgehen.

Gegen Ende der 1980er Jahre wurde der wirtschaftliche Verfall der DDR-Wirtschaft trotz dessen zunehmend sichtbar. Bereits seit langer Zeit zehrte sie nur noch von ihrer Substanz, da sie Neuinvestitionen oder Reparaturen nicht mehr finanzieren konnte. Das Ende nahte, was zu diesem Zeitpunkt aber niemand voraussagen konnte. Allein Improvisationskunst und der westliche Devisentropf vermochten den wirtschaftlichen Verfall halbwegs aufzuhalten. Doch die ständig steigenden Kreditzinsen und Tilgungsraten ließen die Schuldenlast der DDR gegenüber dem Westen bis 1981 auf 23 Milliarden DM der Deutschen Bundesbank anwachsen.

1982 stand die DDR kurz davor, die Zahlungsunfähigkeit zu erklären. Rettung in der Not brachte 1983 ein Milliardenkredit bundesdeutscher Banken, den der staatliche Devisenbeschaffer Schalck-Golodkowski mit dem bayerischen Ministerpräsidenten Franz Josef Strauß eingefädelt hatte.

Diese Finanzspritze in Milliardenhöhe rettete zunächst die Zahlungsfähigkeit der DDR und sorgte für wirtschaftliche Entspannung. Im Gegenzug musste die DDR die Zügel lockern. Abbau von Selbstschussanlagen und Minen an der deutsch-deutschen-Grenze, sowie Erleichterungen bei Familienzusammenführungen mussten stattfinden."[65]

In Erinnerung ist mir die Kaufhalle geblieben, die direkt an unser Grundstück in Moritzburg grenzte. Das Angebot dort verschlechterte sich über die Jahre zusehends. In den leeren Regalen war neben konserviertem Kohl, eingemachten Erbsen, Mehl und Zucker nicht viel zu holen. Weihnachten standen die Leute Schlange, um einmal an eine grüne Orange zu kommen.

---

[65] www.bpb.de

Das Gemälde
Nach Walthers Tod

Viele Jahre nach dem Tod von Walther wollten wir eines der Bilder aus unserem Familienbesitz abstoßen. Eines, das Anfang 1900 von einem bekannten deutschen Impressionisten gemalt wurde. Das Bild gefiel uns nicht besonders gut, es war recht dunkel und das Motiv war für unseren Geschmack nicht ansprechend. So entstand die Idee, das Bild zum Verkauf anzubieten, auch wenn dieser Maler zu dem Zeitpunkt nicht gerade en vogue war.

Während Gemälde wirklich namhafter Künstler des 19. Jahrhunderts in der Regel für 5.000 bis 50.000 Euro den Zuschlag bei Auktionen erhalten, erzielte Gerhard Richters 1968 geschaffenes Werk *Christiane und Kerstin* für 2,6 Millionen Euro den Zuschlag. Gerade wurde August Mackes *Mädchen mit blauen Vögeln* für 2,5 Millionen versteigert.

Die Aufnahme in die Auktion gestaltete sich dann jedoch weitaus schwieriger als gedacht. Das Auktionshaus musste nämlich aufgrund der nicht hundertprozentig nachverfolgbaren Herkunft des Bildes Nachforschungen zu dessen Provenienz anstellen. Es musste schließlich sichergestellt werden, dass es sich bei dem Bild nicht um Raubkunst handelte. „Als Raubkunst werden Kunstwerke bezeichnet, die während der Zeit des Nationalsozialismus geraubt beziehungsweise NS-verfolgungsbedingt entzogen wurden. Die Opfer des Raubs waren vor allem Juden, sowohl innerhalb des Deutschen Reiches von 1933 bis 1945 wie in allen von den Deutschen während des Zweiten Weltkriegs besetzten

Gebieten. Der Raub fand auf der Grundlage einer Vielzahl von gesetzlichen Regelungen und unter Beteiligung diverser Behörden und eigens dafür eingerichteten Institutionen statt."[66]

Mutmaßlich war auch unser Bild eines dieser Bilder. Wovon wir natürlich bis zu diesem Zeitpunkt keine Ahnung hatten, da es von uns bei einem renommierten Kunsthändler gekauft worden war.

Die Nachforschungen ergaben, dass das Gemälde im Besitz einer jüdischen Familie gewesen war, bis Martin Bormann es für Adolf Hitler beschaffte. Martin Bormann war zuletzt Leiter der Partei-Kanzlei der NSDAP im Rang eines Reichsministers und enger Vertrauter Adolf Hitlers. Als Sekretär des Führers – und späterer Vollstrecker des Testaments Hitlers – verwaltete er dessen private Finanzen. Er erwarb aber auch Kunst- und Einrichtungsgegenstände für Hitler, für die NSDAP-Parteizentrale München und für das Deutsche Schloss in Posen.

Unser Gemälde war keine Raubkunst, wie die Nachforschungen zeigten. Die Untersuchung ergab, dass das Werk in der Sammlung einer jüdischen Familie gewesen war. Von dieser ging es dann in den Besitz einer Galerie über, von der es Martin Bormann wiederum kaufte. Nach Kriegsende landete das Gemälde bei den Alliierten und gelangte auf Umwegen in eine Galerie.

---

[66] Wikipedia: Raubkunst.

Aus der Geschichte lernen

2023 – von Wolfgang Hultsch

Zum Ende dieser Biografie meines Großvaters, der zwei Weltkriege, die Weimarer Republik und die DDR miterleben musste, möchte ich ein paar Gedanken zu seiner Geschichte und der Geschichte allgemein zu Papier bringen, denn aus Walthers Lebensgeschichte lässt sich vieles lernen, viele Fragen bleiben zugleich offen. Mir stellt sich mit Blick auf die Geschichte die Frage: Machen wir es besser?

„Woher kommt die Sehnsucht nach dem Autoritären? Als man in den 1940er-Jahren nach Erklärungen für das Phänomen des Faschismus suchte, wurde der Begriff des autoritären Charakters geprägt. Der autoritäre Charakter hat sadomasochistische Züge: Man ist bereit, sich einer Autorität zu unterwerfen – und hat selbst wiederum das Bedürfnis, andere zu unterwerfen. Das Radfahrer-Syndrom: nach oben buckeln und nach unten treten. Für die Ausbildung eines autoritären Charakters machte man seinerzeit die Erziehung verantwortlich. Die autoritären Väter sind heute weitgehend verschwunden, nicht jedoch das autoritäre Denken. Es schlummert in jedem von uns und kann jederzeit aktiviert werden, sobald bestimmte Voraussetzungen gegeben sind. Kaum jemand dürfte demnach gegen die Versuchung des Autoritären immun sein. Offenbar wächst der Anteil der Menschen in unserer Gesellschaft, die sich dem Autoritären zuwenden. Rechte Bewegungen profitieren von Ressentiments: Im Osten Deutschlands etwa wird die Enttäuschung über die Wende durch das Narrativ von den Betrogenen und Verratenen bewirtschaftet. Auch Formeln wie Wir holen uns unser Land zurück oder America first bedienen das Gefühl der Kränkung. Doch nicht nur die Enttäuschten dieser Erde neigen zum autoritären Denken. Wer Angst hat, sucht Schutz: Der Wunsch nach einer starken Hand ist eine fast reflexhafte Reaktion auf Ängste, die wohl bei jedem ausgelöst werden können. Und genau hier setzt das Erfolgsrezept der autoritären rechten Bewegungen auf der ganzen Welt an: Sie schüren Ängste und versprechen Sicherheit."[67]

Am 04.04.22 ist in der Tagesschau Folgendes zu hören: „Der starke Mann in Budapest ist noch stärker geworden. Ein „gewaltiger" Sieg sei das, deutlich sichtbar sogar vom Mond aus, auf jeden Fall von Brüssel aus. So tönte der Wahlsieger Viktor Orban in der Wahlnacht, während seine Anhänger laut „Ungarn, Ungarn" skandierten. Am Ende wird es zum vierten Mal in Folge eine Zwei-Drittel-Mehrheit im Parlament, mit der Orban schalten und walten kann wie er will ..."

„Am 16.06.2015 hatte der New Yorker Immobilienunternehmer, Spielcasino-Betreiber, Fernsehproduzent, Reality-TV-Star und Milliardär Donald Trump [Anmerkung: dessen Großvater Deutscher und angeblich Bordellbesitzer war] seine Bewerbung als Präsidentschaftskandidat angekündigt. Dank Recherchen investigativer Journalisten war zum Zeitpunkt seiner Kandidatur längst bekannt, dass Trump seinen Reichtum vor allem seiner Skrupellosigkeit verdankte: er hatte Geschäftsbeziehungen zu Anwälten, Bauunternehmern, Gewerkschaftsbossen, Investoren und Glücksspielspekulanten unterhalten, die in enger Verbindung zu amerikanischer oder russischer Mafia standen; er

---

[67] www.deutschlandfunkkultur.de

hatte Arbeitskräfte unter systematischer Umgehung gesetzlicher Vorschriften beschäftigt und mehr als nur einmal den Bankrott seines Imperiums nur mit knapper Not, dank auffälliger Nachsicht seitens staatlicher Instanzen, von Staatsanwaltschaften und Gerichten, vermeiden können. Doch dieser dubiosen Vita zum Trotz gelang es Trump, der nie ein politisches Amt innegehabt und mehrfach die Partei gewechselt hatte, sämtliche innerparteilichen Konkurrenten hinter sich zu lassen. Trump schadete es auch nicht, dass er mit hemmungsloser Demagogie über Minderheiten herzog, negative Kollektivurteile über fremde Kulturen fällte und verlässliche Partner der USA verächtlich machte. Er bezeichnete Mexikaner und andere Latinos als Kriminelle, Drogendealer und Vergewaltiger, versprach die Errichtung einer hohen Mauer an der Grenze zu Mexiko und ein Einreiseverbot für Muslime. Er stellte die Bündnisverpflichtungen gegenüber europäischen NATO-Staaten wie den baltischen Republiken in Frage, die seiner Meinung nach nicht genug für die Verteidigung taten und nannte die Allianz selbst obsolet. Er griff Angela Merkel mehrfach scharf an, äußerte sich mehrfach voller Bewunderung über Wladimir Putin und schloss selbst eine Anerkennung der völkerrechtswidrigen Annexion der Krim durch Russland nicht aus. Trump bestritt, dass die Erderwärmung weithin von Menschen verursacht war. Populistischer als Trump war bislang noch kein Präsidentschaftskandidat aufgetreten. Mit seiner aggressiven Sprache und seinen schlichten Parolen erreichte Trump nicht zuletzt weiße Bevölkerungsschichten, die sich gesellschaftlich abgehängt, von der Globalisierung bedroht, von Washington und den Eliten, dem Establishment vernachlässigt und mit ihren Sorgen nicht ernst genommen fühlten, namentlich Amerikaner ohne College-Abschluss und solche, die ihren Arbeitsplatz verloren hatten oder zu verlieren fürchteten. Trump äußerte sich verächtlich über Frauen und Behinderte. Einen Tiefpunkt erreichte der Wahlkampf, als Trump beim dritten Fernsehstreitgespräch mit der als nasty woman und zutiefst korrupt bezeichneten Clinton den Demokraten und den Medien eine systematische Manipulation der Präsidentenwahl vorwarf und offenließ, ob er im Fall einer Niederlage das Ergebnis anerkennen würde.

Die politische Kultur der Vereinigten Staaten steckte in einer tiefen Krise. Die ersten Wahlanalysen bestätigten: Trump verdankte den entscheidenden Stimmenvorsprung in den swing states der weißen Arbeiterschaft, die früher mehrheitlich für die Demokraten gestimmt hatten. In den Gründerstaaten der Europäischen Union reagierten die etablierten demokratischen Parteien und die meisten Zeitungen auf das amerikanische Wahlergebnis mit demselben fassungslosen Entsetzen, wie Demokraten und die liberalen Medien in den USA. Der britische Außenminister Boris Johnson freute sich auf ein neues Kapitel in den Beziehungen zwischen dem Vereinigten Königreich und den USA. Der ungarische Ministerpräsident Viktor Orban sah in Trump einen Verbündeten im Kampf um die illiberale Demokratie. Geradezu euphorisch äußerte sich Marine Le Pen, die Vorsitzende und Präsidentschaftskandidatin des Front National, sie beglückwünschte Trump und das freie amerikanische Volk zur Entscheidung vom 8. November." [68]

---

[68] Heinrich August Winkler: Zerbricht der Westen?

„Kann man aus der Geschichte lernen? Gewiss, man kann vieles aus ihr lernen. Geschichte hält – wie ein riesiges Arsenal – ungeheuer viele Ereignisse, Schicksale und Persönlichkeiten bereit. Der Blick in die Geschichte zeigt, was möglich war und ist, er zeigt, wozu Menschen fähig und unfähig waren und sind. Doch das ist heute nicht gemeint, wenn die Frage auftaucht, ob man aus der Geschichte lernen kann. Gemeint ist vielmehr: Können wir Lehren ziehen? Können wir das Richtige aus der Geschichte lernen? Und zwar so, dass Fehler und Verbrechen, die einmal geschehen sind, in Zukunft unterbleiben, ja sogar ausgeschlossen sind? Das sind sehr deutsche Fragen. Denen, die sie aufwerfen, steckt der Schock darüber in den Knochen, dass eine Kulturnation, wie sie sich selbst gerne sah, binnen weniger Jahre fähig war, das größte nur denkbare Menschheitsverbrechen zu begehen. Zwar mühten sich die Deutschen in den ersten Jahrzehnten nach 1945 nicht gerade, sich zu erinnern, zu gedenken und genau hinzusehen. Sie gingen vielmehr in ihrer Mehrheit, beschämt vielleicht, schnell zum Alltag über, sie beschwiegen das Ungeheuerliche. War die Monstrosität der NS-Untaten anfangs ein Motiv dafür, nicht hinzusehen und ihnen nicht auf den Grund zu sehen, so war es später jedoch eben diese Monstrosität, die zum Hinsehen geradezu zwang.

Nicht jeden Einzelnen und die vielen Einzelnen sicher in unterschiedlichem Maße. Aber seit etwa drei Jahrzehnten gehört das Hinsehen, gehört das – wie auch immer ritualisierte – Vergegenwärtigen der NS-Zeit gewissermaßen zur Staatsräson der Bundesrepublik Deutschland. Nie wieder wegsehen! In dieser Haltung unterscheidet sich Deutschland vermutlich von allen anderen Staaten des Globus – sieht man von Israel und dem jüdischen Volk ab, das den

Holocaust erlitten hat und dem die Aufforderung Zachor! (Erinnere Dich!) seit eh und je ein religiöses Gebot der Tora ist. Fast alle anderen Gesellschaften gehen, was die negativen Seiten ihrer Geschichte angeht, ganz anders vor. Sie behandeln sie entweder gar nicht oder nur dilatorisch. Japan, das am Yasukuni-Schrein nach wie vor auch Kriegsverbrecher ehrt, gibt dafür das inzwischen klassische Beispiel ab. Hinter diesem auf das Vergessen angelegten Umgang mit der eigenen Geschichte steht auch, aber nicht nur der Unwille, Fehler der eigenen Nation auszuleuchten. Die Methode, die Erinnerung an Verbrechen zu löschen, steht seit der hellenisch-griechischen Zeit in einer langen kulturellen Tradition. Ihr zufolge ist es nicht sinnvoll und der Zukunft nicht zuträglich, die Erinnerung an Untaten wach zu halten. Denn das, so das Argument, setze den Unfrieden nur fort, könne nur Anlass für neue Gewalt und neue Untaten sein. Es müsse daher, der Zukunft wegen, ein Schlussstrich gezogen werden, das sprichwörtliche Gras müsse über begangene Untaten wachsen.

Vielleicht wäre es schön, wenn die Menschheit die Fähigkeit besäße, einmal gemachte Erfahrungen zu verinnerlichen, in den genetischen Code zu integrieren und so einmal gemachte Fehler zu vermeiden. Doch so ist es nicht. Die kollektiven Erfahrungen lagern sich nicht im Bewusstsein der Einzelnen ab. Der Mensch geht – nicht nur zu Unrecht – von der Voraussetzungslosigkeit seines Handels aus. Er ist frei, sein Handeln ist nicht vorbestimmt, und er neigt – mehr unbewusst als bewusst – zu der Annahme, dass mit ihm die Welt beginnt. Er weiß, dass er in einer langen Kette steht, aber dieses Wissen ist in aller Regel nicht handlungsbestimmend. Jeder Mensch macht jede neue Erfahrung – bis hin zur letzten, dem Tod – zum ersten Mal. Dass andere sie auch schon gemacht haben, hilft ihm nicht. Deswegen ist es so ungeheuer schwer, aus der Geschichte zu lernen."[69]

Zum Zeitpunkt der Veröffentlichung dieser Auflage beschäftigt die Coronapandemie die Bundesrepublik Deutschland und die darin lebenden Menschen das dritte Jahr. Die mit dieser Situation verordneten Maßnahmen haben die Bevölkerung gespalten: In die, die den Maßnahmen der Regierung offen gegenüberstehen und daran glauben, und in das Lager auf der anderen Seite, das diese Maßnahmen infrage stellt. Letztere Gruppierung wurde durch die Medien an den rechten Rand gedrängt und als Querdenker beschimpft. Woher wissen diese Menschen, dass gegen die Coronamaßnahmen der Bundesregierung Demonstrierende „Querdenker" sind? Es ist doch denkbar, dass Leute die Maßnahmen kritisieren und gleichzeitig keine Coronaleugner sind. Es ist doch möglich, dass sie das Leid auf den Intensivstationen ebenso mit Mitgefühl zur Kenntnis nehmen, aber davon ausgehen, dass die auferlegten Maßnahmen dennoch unverhältnismäßig in Anbetracht der Einschränkung der Grundrechte sind. Ist es möglich, dass aufgeklärte Bürger, die sich fundiert informiert haben, zu einem anderen Schluss kommen? Nebenbei bemerkt hatte das Robert-Koch-Institut falsche Zahlen veröffentlicht, die dann Grundlage für eine falsche Weichenstellung der Politik waren.

Was ist das für ein Pluralismus, was für ein Demokratieverständnis? Was bedeutet Meinungsfreiheit und Demonstrationsrecht? Eine selbstbewusste Demokratie achtet auch die Rechte jener, die ihr fremd sind.

---

[69] Aus: https://schmid.welt.de/2015/07/16/kann-man-aus-der-geschichte-lernen/

Um Weihnachten 2021 wurde von der Scholz-Regierung der Journalist Boris Reitschuster von der Bundespresse-konferenz ausgeschlossen, nachdem dieser über Monate kritisch über die Maßnahmen der Bundesregierung im Umgang mit Corona berichtet hatte und immer wieder auf Unstimmigkeiten in ihrer Politik hinwies. Seine kritischen Beiträge auf YouTube wurden auf diesem Portal zum Teil aus dem Verkehr gezogen.

Ich erinnere an Dutzende der bekanntesten Film- und Fernsehschauspieler, darunter viele *Tatort*-Stars, die sich zu einer gemeinsamen Protestaktion gegen die Corona-Politik der Bundesregierung zusammenschlossen. Ihre Clips gingen viral. Es gab beißende Kritik, aber auch einige Zustimmung. Rund 50 prominente Film- und Fernsehschauspieler sorgten mit einer großangelegten Internetaktion unter dem Motto #allesdichtmachen für Aufsehen. Künstler wie Ulrich Tukur, Volker Bruch, Meret Becker, Ulrike Folkerts, Richy Müller, Heike Makatsch, Jan Josef Liefers und viele weitere verbreiteten bei Instagram und auf der Videoplattform YouTube gleichzeitig ironisch-satirische Clips mit persönlichen Statements zur Coronapolitik der Bundesregierung. Andere prominente Schauspielkollegen reagierten entsetzt. Die Hashtags #allesdichtmachen, #niewiederaufmachen und #lockdownfürimmer wurden binnen kurzer Zeit zu den am meisten verwendeten bei Twitter in Deutschland.[70]

Was ist aus dem Land der Dichter und Denker geworden? Wie diese Krise zeigt, gibt es für über 80 Millionen Deutsche nur noch zwei Schubladen – die mit den Guten und die für die Bösen.

---

[70] https://www.youtube.com/watch?v=3dMmPtIvE4I

„Zugebenermaßen ist es nicht einfach, sich ein Bild zu machen. So schürte die Regierung Putins ganz bewusst Propaganda gegen die Europäische Union und ihre Symbole, indem Kreml-nahe Banken einen Wahlkampfkredit in Höhe von elf Millionen Euro an den rechtsextremen Front National vergaben. Der Partei, die mit AfD, FPÖ und Lega Nord eine antieuropäische Fraktion bildet. Denn Putin ist die Europäische Union, bei all den Problemen die diese Gemeinschaft hat, seit seiner Machtübernahme ein Dorn im Auge. Russland finanziert Medien, die als Sprachrohre des Kreml für Propagandazwecke Verschwörungstheorien verbreiten und Desinformation betreiben, und damit unter anderem auch an der Spaltung der EU arbeiten. In St. Petersburg existieren Troll-Farmen, in denen rund um die Uhr an der Beeinflussung von Fake-Profilen in sozialen Netzwerken und in den Kommentarsektionen von Online-Medien gearbeitet wird. Gleichzeitig verbreitet eine Agentur täglich unzählige Falschmeldungen im Netz. Diese Agentur bezahlt monatlich über 1.000 feste Mitarbeiter dafür, Informationen im Sinne des Kreml im Netz zu verteilen. Diese Liste lässt sich weiterführen: der Abschuss von Flug MH17 im Juni 2014, bei dem feststehen dürfte, dass pro-russische Separatisten diese Boeing 777 über dem Gebiet der selbsternannten Donezker Volksrepublik abschossen. Der Kreml versuchte mit großem Aufwand, die Schuld daran auf die Ukraine zu schieben (warum diese Maschine an dem Tag trotz des bekannten Risikos dieses Gebiet überflog, steht auf einem anderen Blatt). Oder der Fall Skripal, dem missglückten Mordversuch durch den russischen Geheimdienst

GRU. Oder jüngst der Versuch, den Regimekritiker Nawalny zu vergiften und damit mundtot zu machen."[71]

Spannend zu sehen, wie Sahra Wagenknecht sich im Februar 2022 als Putin-Versteherin auf ihrem YouTube-Kanal präsentierte. Mit 1,8 Millionen Klicks auf diesen Beitrag scheint sie mit dieser Sympathie nicht allein zu stehen. Mit ihrer Einschätzung lag sie, wie viele andere, fatal daneben – denn Putin überfiel am 24. Februar 2022 die Ukraine mit fadenscheinigen Begründungen.

Offensichtlich gibt es kein Geld mehr bei den meisten Nachrichtenredaktionen für gut gemachten Journalismus. Auf meinem Fernseher empfange ich weit über 100 Kanäle, maximal 10 der Öffentlichen davon nutze ich. Die Massenmedien werden ihrer Verantwortung definitiv nicht gerecht. Lesern und Hörern wird ein Narrativ aufgetischt und wer dieses nicht hundertprozentig mitträgt, wird diffamiert. Das ist suboptimal. Und wenn ich mir die Generation meiner Kinder ansehe, wird es wohl auch nicht besser werden.

Mich wundert der Umgang mit dieser Situation in einem Land, das es wie kein anderes geschafft hat, sich in der jüngeren Geschichte aus den Fesseln von zwei katastrophalen Diktaturen zu befreien. Wir halten uns für eine aufgeklärte Gesellschaft, für Menschen, die genau nachfragen und alles verstehen wollen – faktisch bezieht jedoch inzwischen das Gros der Deutschen seine Informationen aus den sozialen Medien und aus zum Teil einfach schlecht gemachten Nachrichtensendungen und geht davon aus, dass das, was dort gezeigt und beschrieben wird, so 100%ig stimmt. In der

---

[71] Walter Kohl: Welche Zukunft wollen wir?

Schule hat man mir beigebracht, Dinge kritisch zu hinterfragen und mir dann eine eigene Meinung zu bilden.

Eigentlich sind wir eine ziemlich aufgeregte Gesellschaft, die zum Recherchieren keine Lust mehr hat. Aber jeder nimmt für sich in Anspruch, den alleinigen Durchblick zu haben.

Kurz vor Weihnachten 2021 musste Herr Lauterbach gegenüber einer Journalistin zugeben, dass er zu der geplanten Maßnahme nicht sagen kann, ob und wie diese wirken wird (es ging dabei ums Boostern). In dieser Pressekonferenz war dann zu sehen, wie Lauterbach den Kopf in Richtung Tischplatte sinken ließ. Seine Ex-Frau, eine Epidemiologin, sagte einmal in einem Interview über ihn, dass seine Haltung in der Coronapandemie auf mangelndes Faktenwissen zurückzuführen sei.

Im Februar 2023 dann ein Einlenken: die Maskenpflicht im Nahverkehr in Bus und Bahn sowie bundesweit im öffentlichen Fernverkehr wurde aufgehoben. Und in Niedersachsen lief die Isolationspflicht aus. Wer sich mit Corona infiziert, muss sich nicht mehr häuslich isolieren. Und Lauterbach gibt eine große Corona-Fehlentscheidung nach der anderen zu. Doch so reumütig er sich heute gibt, so eisern verfolgte er sein Programm in der Pandemie. Und nun, Schwamm drüber? War der Preis, den wir als Gesellschaft im Kampf gegen Corona gezahlt haben, angemessen?

Gar nicht mochte es Lauterbachs Vorgänger Spahn, wenn die Presse die Preise seiner in Berlin gekauften Villen und Grundstücke recherchierte – ein hübsches Sümmchen von 4 Millionen Euro kam dabei ans Tageslicht. Der Mann, der Hartz IV für ausreichend hält, selbst aber laut focus.de 15.000 Euro pro Monat verdienen dürfte.

Bush und Blair haben den Irak überfallen und dies mit ihrer Kriegspropaganda lange erfolgreich untermauert. Massenvernichtungswaffen des Diktators wurden zwar nicht gefunden, „aber mindestens 150.000 Bewohner des Landes wurden getötet, die meisten davon Zivilisten. Darüber hinaus haben Bush und Blair mit ihrer Politik die Kreation des „Islamischen Staats" begünstigt – eines Monsters, das schlimmer, nachhaltiger und flächendeckender wirkt als alle Waffen, die sie Saddam zuzuschreiben bereit waren. Es waren die sunnitisch geprägten Republikanischen Garden Saddams, die nach der Niederlage des Diktators das Fundament bildeten, auf dem der IS entstand."[72] Und wie sich die Situation in diesem Land danach weiterentwickelte, wissen wir.

Die Medienlandschaft wechselt von der einen Katastrophe zur nächsten und schürt damit Angst. Da bleibt dann oft keine Zeit mehr, sich mit den eigentlichen Themen zu befassen.

„In den 1970er-Jahren entstand der Shareholder-Value-Ansatz, getrieben durch den Gedanken, dass es die soziale Verantwortung jedes Unternehmens sei, seine Gewinne zu vermehren. Dieser Ansatz dient vor allem den Interessen der Shareholder, also den Aktionären beziehungsweise den Anteilseignern. Es ist also eine einseitige Bewertungsgröße. Elon Musk von Tesla schaffte es, in mehreren Kapitalrunden seit 2012, über 11 Milliarden US-Dollar von Investoren einzuwerben, obwohl Tesla einen aufaddierten Verlust von rund 6 Milliarden US-Dollar erwirtschaftet

---

[72] www.spiegel.de/politik/ausland/tony-blair-und-der-irak-krieg-im-windschatten-des-kriegstreibers

hatte."[73] Reine Kapitalwertorientierung halte ich für eine ungute Struktur.

Wie kritisch der Einsatz von Beratern oft zu bewerten ist, lässt sich anhand diverser Beispiele in den letzten Jahren belegen. Das jüngste Beispiel in Deutschland ist der Wirecard-Skandal, zu dem der von mir geschätzte heutige Börsenchef Theo Weimer (ein ex-Kollege aus meiner Münchner Zeit) laut FAZ gesagt haben soll: „Gier frisst Hirn."

Einiges, was Beratungen wie McKinsey, BCG und Bain abliefern, ist Hokuspokus. Da wird versucht zu verkaufen – auf Teufel komm raus. Viele Kunden sind inzwischen kritischer. Und viele Weisheiten, die in den fetten Beraterjahren verkauft wurden, stellten sich hinterher als gar nicht so weise heraus. Da wird man skeptischer als Kunde und erwartet Handfesteres. Manche Berater stürzten sich zudem auf Themen, von denen sie keine Ahnung hatten oder die am Kerngeschäft ihrer Kunden vorbeiliefen. Die Kunden wollen aber keine nicht funktionierenden Ideen, sondern ihr Geschäft voranbringen.

Wenn ich Trump durch den Kakao ziehe, heißt das nicht, dass alle seine Vorwürfe ohne faktische Grundlage wären. „Auf dem NATO-Gipfel 2002 in Prag verpflichteten sich nämlich die Mitglieder dazu, zwei Prozent ihrer Wirtschaftsleistung gemessen am BIP in die Verteidigung zu investieren. Fakt ist, dass Deutschland seine diesbezüglichen Zusagen immer und immer wieder bricht. Teilweise sank der Verteidigungsetat auf 1,2 Prozent. Damit riskiert Deutschland seine Glaubwürdigkeit."[74] Der Ukraine-Krieg

---

[73] Walter Kohl: Welche Zukunft wollen wir?
[74] Walter Kohl: Welche Zukunft wollen wir?

brachte die Kehrtwende: Nun wollen wir kräftig in die marode Bundeswehr investieren. Und das mit „Sondervermögen", was quasi ja nichts anderes als Schulden sind.

Deutschland wird oft als Hochsteuerland betitelt – aber das ist es nicht für alle. So werden herkömmliche Unternehmen mit durchschnittlich 21 Prozent ihrer Gewinne besteuert, während die erfolgreichen internationalen Unternehmen wie Amazon, Apple, Facebook, Google und Microsoft meist keine oder einen verschwindend geringen Anteil an Steuern zahlen. Dies gelingt durch aufwendig konstruierte Unternehmensstrukturen mit Zwischenholdings in Ländern wie Irland oder den Niederlanden. Um diesem Problem entgegenzuwirken, schlug die Europäische Kommission die Schaffung einer europaweiten Digitalsteuer vor. Doch diese wurde aufgrund nationalstaatlicher Interessen verhindert, da in steuerrechtlichen Fragen das Einstimmigkeitsprinzip gilt. Steuervermeidung ist aber nicht auf den digitalen Sektor beschränkt. Experten gehen davon aus, dass in Deutschland durch Cum-Ex-Geschäfte Schäden in Höhe von 30 Milliarden Euro entstanden sind. Auch wenn dieses Schlupfloch mittlerweile geschlossen wurde, ist man mit der Aufarbeitung des Skandals noch lange nicht am Ende. Massive Vorwürfe richten sich gegen die BAFIN, die auch bei der Wirecard-Affäre eine unrühmliche Rolle spielte und deren ehemaligen Chef, den jetzigen Bundeskanzler.

Wie die Pisa-Studien der letzten Jahre zeigten, hinkt Deutschland bei dem Bildungsniveau seiner Kinder hinterher. Während in Finnland und Singapur Programmieren bereits in der Grundschule auf dem Lehrplan steht, befinden wir uns noch in der digitalen Kreidezeit. Beim Abitur klaffen Lücken zwischen dem, was in Bundesländern wie

Bayern und Sachsen einerseits, in Bremen und Berlin andererseits gefordert wird. Wie kann so etwas sein? Ich habe live miterlebt, was es heißt, Kinder aus dem bayerischen Schulsystem in das eines anderen Bundeslandes zu integrieren – das war eine echte Herausforderung!

Auch bei der Integration von Flüchtlingen haben wir in Deutschland keinen Blumentopf gewonnen. Etwa drei Viertel der Flüchtlinge bei uns beziehen Hartz IV. Eigentlich sind wir auf die Zuwanderung von hochqualifizierten Fachkräften angewiesen, faktisch kommt das Gros der Flüchtlinge aus dem Nahen Osten und Afrika sowie aus Ost- und Südeuropa und die Menschen sind leider in der Regel wenig qualifiziert. Ernüchternd ist es dann, wenn die Hälfte der betroffenen Einwanderer der Meinung ist, dass sie nicht von der deutschen Gesellschaft anerkannt würden, egal, wie sehr sie sich anstrengen. Das erschreckende Ergebnis dieser Entwicklung stellt der deutschen Politik der letzten Jahrzehnte ein Armutszeugnis aus.

„Das gesellschaftliche und politische Klima in Deutschland hat sich verändert; es wird immer rauer. Polizisten und Rettungskräfte werden bedroht, Politiker attackiert. In vielen Städten gibt es No-Go-Areas, Banden und organisierte Gruppierungen kontrollieren inzwischen Bereiche unseres Lebens."[75]

„Durfte Renate Künast in Kommentaren zu einem Facebook-Post als „Stück Scheisse", „Schlampe", „Drecks Fotze", als „hohle Nuß, die entsorgt gehört" und als „Sondermüll" bezeichnet werden? Im September 2019 beantwortete das Landgericht Berlin diese Frage mit Ja."[76]

---

[75] Walter Kohl: Welche Zukunft wollen wir?
[76] https://www.tagesschau.de/kuenast-beleidigung.html

Sind wir in der Lage, mit diesem Umbruch umzugehen? Im Deutschen Bundestag sind aktuell 8 Parteien vertreten, Linke und AfD haben eine beachtliche Anzahl an Sitzen. Bei der neunten Direktwahl zum Europäischen Parlament am 26. Mai 2019 erreichten CDU/CSU und SPD zusammen nur 44,7 Prozent der abgegebenen Stimmen. Damit kamen die beiden Volksparteien zum ersten Mal seit ihrem Bestehen bei einer bundesweiten Wahl zusammen auf nicht mehr als 50 Prozent.

Ich erinnere mich noch an einen Vortrag von Frau Klöckner in ihrer Rolle als Landwirtschaftsministerin in Berlin, in dem sie auf einem vom Tagesspiegel ganz prima organisierten Kongress auf das Thema Digitalisierung zu sprechen kam. Sie erzählte, dass die Umsetzung dieses bisher eher vernachlässigten Themas sehr wichtig sei. Auf die Frage aus dem Auditorium, welchen Nutzen das konkret mit sich bringe, sagte sie sinngemäß, ihr Bruder als Winzer müsse dann künftig nicht mehr extra nachts aufstehen, um zu sehen, welche Temperatur gerade im Weinberg herrscht.

Auf einer Wahlveranstaltung sah ich einmal Frau Nahles – und fand sie sehr enttäuschend. Wie kann denn so etwas Spitzenpolitikerin in Deutschland sein, fragte ich mich. Das war sie dann auch nicht lange. Ihr Auftritt auf dieser Wahlveranstaltung war für meinen Geschmack keiner – die Frau, die viele Jahre gemeinsam mit der Bundeskanzlerin unterwegs war, zog nun über diese her, Polemik pur. Nahles bezog dann Posten bei der Bundesanstalt für Post und Telekommunikation. Nun hat sie der Bundeskanzler wieder ins Spiel gebracht: Sie soll offenbar Chefin der Bundesagentur für Arbeit werden. Rund 100.000 Mitarbeiter würden ihr unterstehen. Die damit einhergehenden Herausforderungen sind enorm.

Der Spiegel titelt im Mai 2022: „Die Null-Bock-Ministerin. Im sechsten Monat ihrer Amtszeit als Verteidigungsministerin sorgt Christine Lambrecht mit ihren privaten Aktivitäten für Schlagzeilen – politisch aber ist die Sozialdemokratin bisher ein Totalausfall." Ihre Silvestervideobotschaft läutet dann das Aus ein.

Ich erinnere mich noch gut an meinen Patenonkel, der Offizier im Führungsstab der Bundeswehr war. Er sagte sinngemäß einmal, es gäbe für die Bundeswehr nichts Schlimmeres als die Wechsel der Bundesverteidigungsminister. Ständig käme jemand Neues, der keine Ahnung vom Fach hat, aber den Soldaten erzählt, was sie zu tun und zu lassen haben.

Warum schreibe ich das alles in diesem abschließenden Kapitel? Mein Großvater war bekennender Monarchist zu der Zeit, als König Friedrich August lebte und Sachsen regierte. Monarchist im Sinne von: Er setzte sich für den Erhalt dieses Systems ein. Für seine Einstellung habe ich mich – ohne dass jemals in meinem Leben begründet haben zu müssen – als junger Mann immer ein wenig geschämt. Mir kam diese Einstellung antiquiert und wenig modern vor. Inzwischen sehe ich das anders.

Kanzlerin Merkel hat sich in ihrer 16-jährigen Amtszeit mehrere gravierende Fehler zuschulden kommen lassen, angefangen beim Lavieren in der Eurokrise und der kopflos erscheinenden Energiewende über die unkontrollierte Massenmigration in der Flüchtlingskrise bis hin zu den Versäumnissen in der Coronakrise: Sie hinterlässt Probleme, an denen die Deutschen noch lange schwer zu tragen haben werden.

„Die Kernidee von Demokratie findet hohen Zuspruch. Doch das gute Funktionieren der Demokratie scheint zunehmend in Frage gestellt. So gibt es Forderungen nach mehr Teilhabe an politischen Meinungsbildungs- und Entscheidungsprozessen, nach Transparenz und breiterer Repräsentation. Gleichzeitig werden in vielen Ländern demokratische Prozesse zur Durchsetzung autoritärer Politikansätze missbraucht und rechtspopulistische Bewegungen genießen in ganz Europa Zulauf. Demokratie ist das einzige politische System, in dem die Zukunft offen und dennoch gestaltbar ist. Ein Ansatz, der im Lichte massiver Transformationen, wie dem Wandel hin zu einer klimaneutralen und digitalen Welt, ungenügend scheint."[77]

„Es gibt nichts Gutes, außer man tut es", sagte der sächsische Landsmann Erich Kästner. Was gibt es also zu tun? Wir müssen Deutschland dringendst zukunftsfähig machen. Und es ist nun einmal die Aufgabe der Politik, Antworten und Lösungen zu finden. Es muss sich aber auch die Einstellung der Bewohner dieses Landes ändern. Ein richtiges und gutes Argument ist doch nicht automatisch falsch, weil es von der „falschen" Seite oder einer „falschen" Person kommt. Dieser Ansatz läuft der Demokratie zuwider, breitet sich aber mehr und mehr aus. Der Zweck von Politik darf auch nicht den eigenen Machtinteressen dienen. Wir brauchen wieder den „Staatsdiener". Ein Politikstil, wie ich ihn auf den letzten Seiten exemplarisch dargestellt habe, führt natürlich zu Politikverdrossenheit. Es geht nicht um ein unpersönlich-parteiisches, sondern um ein persönlich-unparteiisches Verhältnis zu Wahrheit, Gerechtigkeit und

---

[77] https://www.progressives-zentrum.org/agenda/zukunft-demokratie/

Gemeinwohl, das sich im Ringen mit anderen auf Augenhöhe stets neu zu bewähren hat.

Es gibt eine Menge zu tun: Wir müssen unsere Infrastruktur wiederherstellen, um eine tragfähige Grundlage für die Zukunft des Landes zu haben. Viele denken voller Grimm an den ehemaligen Bahn-Chef Mehdorn. Der Manager, der einst angetreten war, um die verkrusteten Strukturen des Staatskonzerns aufzubrechen, gilt vielen als Urheber der Probleme, die die Bahn immer wieder in die Schlagzeilen bringen. Die Bahn kämpft massiv mit dem Investitionsstau. Wie der Ukraine-Krieg zeigt, müssen wir außerdem dringend den Schutz nach außen und innen sicherstellen. Wir brauchen überdies ein ausgereiftes, länderübergreifendes Bildungssystem, das internationalen Vergleichen standhält. Wir müssen wirtschaftlich autarker werden und eine gesamtheitliche Energiewende umsetzen. Die Europäische Union muss dringend saniert werden. Die Aufnahme von EU-Beitrittskandidaten, die die Aufnahmebedingungen nicht erfüllen oder die sich politisch eigentlich in eine andere Richtung orientieren, ist hier eher kontraproduktiv. Der Euro muss widerstandsfähig sein. Wir brauchen eine Außenpolitik, die wir mit Rückgrat führen. Die Fotos von Frau Baerbock im Ukraine-Konflikt mit Helm und die parallel geführte „Helm-Debatte" fand ich beschämend.

Wir brauchen gute Lebensmittel – und die haben nun einmal ihren Preis. Auch müssen wir das vorherrschende Überangebot hinterfragen. Das braucht niemand in der Form. Was wir brauchen, ist mehr Einfachheit. Wir müssen Dinge wieder wertschätzen lernen und bescheidener werden.

Bei meinen täglichen Spaziergängen mit dem Hund durch unsere Wälder fällt mir auf, dass besorgniserregend viele

Bäume kaputt sind – Buchen stehen tot, dicht an dicht. Deren Rinde bröckelt vom Stamm. Das sieht wirklich beängstigend aus und so gab es das vor Jahren nicht. Die Trockenheit der letzten Jahre hinterlässt deutliche Spuren. Noch nie habe ich den Klimawandel so gespürt wie jetzt gerade. In Dokumentation hören wir von Plastikmüll in den Meeren, von Überfischung, absterbenden Korallenriffen. David Attenboroughs *A Life on Our Planet* sollte zum Pflichtprogramm gehören. Der Film erzählt, wie wir die Erde in den letzten Jahrzehnten massiv verändert haben - und wie wir diesen Fehler noch korrigieren können, wenn wir jetzt handeln.

Bundesweite Volksabstimmungen, geloste Bürgerräte oder -parlamente: Mit solchen Instrumenten ließe sich die grassierende Politikverdrossenheit vermutlich bekämpfen.

Wie hieß der Werbeslogan einer Mineralölfirma in den 1980ern? „Es gibt viel zu tun, packen wir's an!"

Wegbegleiter von Walther Hultsch

Basté, Charlotte	Opernsängerin
Bernhardt, Robert	Besitzer Modewarenhaus
Binding, Karl	Rektor Universität Leipzig
Bücher, Karl	Ökonom, Hochschullehrer
Dix, Otto	Maler
Dorsch, Ferdinand	Maler, Grafiker
Drescher, Arno	Maler, Grafiker
Ernst Heinrich von Sachsen	Schlossherr Moritzburg
Feldbauer, Max	Maler
Felixmüller, Conrad	Maler
Fellgiebel, Erich	General
Georg von Sachsen	Kronprinz von Sachsen
Goerdeler, Carl Friedrich	Politiker, Widerstand
Grille, Hugo	Polizeipräsident
Groeber, Herrmann	Maler
Guhr, Richard	Maler, Bildhauer
Hahn, Hugo	Bischof in Sachsen
Heidrich, Reinhard	Leiter Reichssicherheitsamt
Hempel, Eberhard	Historiker, Hochschullehrer
Hempel, Oswin	Architekt, Hochschullehrer
Henn, Walter	Architekt, Hochschullehrer
Kiesau, Georg	Schauspieler, Regisseur
Kobus, Kathi	Wirtin
Kolbe, Helga	Opernsängerin
Kolbe, Rudolf	Architekt
Kotte, Erich	Präsident Landeskirche
Lamprecht, Karl	Historiker, Hochschullehrer
Lorenz, Max	Opernsänger, Heldentenor
Mailik, Erik	Maler
Mayer, Otto	Historiker, Hochschullehrer
Meißner, Hans	Offizier Abwehr, Top-Spion
Mitteis, Ludwig	Rechtshistoriker, Hochschullehrer

Mottl, Felix	Dirigent, Komponist
Müller, Richard	Maler, Grafiker
Mutschmann, Martin	NSDAP-Gauleiter Dresden
Nadler, Hans	Architekt, Denkmalpfleger
Okamoto, Suemasa	Botschafter Japans
Olbricht, Friedrich	General, Widerstand
Oster, Hans	Generalmajor, Widerstand
Paulsen, Paul	Schauspieler
Pohl, Carl	Maler, Lithograf
Rauda, Wolfgang	Architekt, Stadtplaner
Reile, Oscar	Offizier bei der Abwehr
Schlegel, Friedrich	Philosoph, Kritiker
Schramm-Zittau, Rudolf	Maler
Schreck, Gustav	Musikerzieher, Komponist
Siems, Margarethe	Opernsängerin
Steudtner, Fritz	Architekt, Denkmalpfleger
Strohal, Emil	Jurist, Hochschullehrer
Timmler, Karl	Maler
Ufer, Walter	Hochschullehrer
Brentano, Lujo	Ökonom, Sozialreformer
Luckner, Felix Graf	Seeoffizier
Pfeil, Traugott Graf von	Brigadekommandeur
Winnig, August	Politiker, Schriftsteller
Zumpe, Herrmann	Dirigent